What
Life
Should
Mean
to
You

自卑与超越

[奥] 阿尔弗雷德·阿德勒（Alfred Adler）▶ 著

杨惠 ▷ 译

世界图书出版公司

北京·广州·上海·西安

图书在版编目（CIP）数据

自卑与超越 /（奥）阿尔弗雷德·阿德勒（Alfred Adler）著；杨惠译. —北京：世界图书出版有限公司北京分公司, 2019.5

书名原文：What Life Should Mean to You

ISBN 978-7-5192-6219-8

Ⅰ.①自… Ⅱ.①阿… ②杨… Ⅲ.①个性心理学 Ⅳ.①B848

中国版本图书馆CIP数据核字（2019）第088597号

书　　　名	自卑与超越	
	ZIBEI YU CHAOYUE	
著　　　者	［奥］阿尔弗雷德·阿德勒（Alfred Adler）	
译　　　者	杨　惠	
策划编辑	李晓庆	
责任编辑	李晓庆	
装帧设计	黑白熊	
出版发行	世界图书出版有限公司北京分公司	
地　　　址	北京市东城区朝内大街137号	
邮　　　编	100010	
电　　　话	010-64038355（发行） 64037380（客服） 64033507（总编室）	
网　　　址	http://www.wpcbj.com.cn	
邮　　　箱	wpcbjst@vip.163.com	
销　　　售	新华书店	
印　　　刷	北京中科印刷有限公司	
开　　　本	880mm×1230mm　1/32	
印　　　张	8.5	
字　　　数	180千字	
版　　　次	2019年6月第1版	
印　　　次	2019年6月第1次印刷	
国际书号	ISBN 978-7-5192-6219-8	
定　　　价	39.80元	

Contents 目录

第一章

人生的意义

人类生活在意义的国度。我们无法把遇到的事件当作纯粹的事实。它们对人有着或这或那的意义。从根源上讲，我们的经验受限于我们的目的。"木头"是"可供人类使用的木料"，"石头"是"可供人类使用的石料"……妄图回避意义，只关注事情本身并不可取。这样的人只会让自己孤立，因为他的行为于己于人都毫无价值。简言之，他的行为没有意义。没有人可以回避意义。在体验现实时，我们总会赋予它某种意义。意义不在于事件本身，而是一种解读。于是，我们可以得出这样的假设：意义都不完整，甚至并不完全正确。意义的国度中充斥着错误。

　　面对"人生意义何在"这个问题，人们也许无以作答。大多数人不会庸人自扰地思考这个问题，更不会设法给出明确答案。事实上，这个问题随着人类历史的诞生就已经出现了，可谓由来已久。如今，年轻人（还有老年人）常常大声疾呼"我们为什么活着？人生的意义何在？"。不过，我们发现，个体只会在遭遇失败时提出诸如此类的问题。如果一帆风顺，无往不利，个体才不会提及这种问题呢！每个人对这种问题的态度，都不可避免地暴露于他们的行动中。撇开与行动不一致的言论，我们能从每个人的行动中发现他特有的"人生意义"。他的每个姿势、每种态度、每个动作、每种表情、每样癖好、每种习惯和性格特质都符合这一意义。他似乎依赖着对人生的某种诠释。他的行动中隐含着对世界和对自己的看法，他判定"我是这样的，世界又是那样的"。这就是他赋予自己、赋予人生的意义。

　　每个人赋予自己的人生意义都不尽相同，并且每种意义或多或少都存在错误。一方面，每个人的人生意义都有可置疑之处；另一方面，我们也可以说，所有意义都有可取之处。意义都介于全对或全错这两极之间。当然，它们还是存在着好坏之分。我们可以发现好意义的共同点，也可以找出坏意义的缺陷。通过这样做，我们可以获得更科学的"人生意义"和"真义"。在这里，我们必须再次强调，这里所说的"真义"是人类的真义，只适用于人类的目的和目标。它是唯一的真理。如果存在其他真理，那么也与我们毫无关系，因为我们无法了解它，它是无意义的。

　　每个人都受制于三种重要因素。我们必须重视这三种重要因素，因为它们造就了现实，人类面临的所有问题也都因它们而起。它们总是向我们发难。我们对它们的回应正展示了我们对人生意义的独特想法。第一种制约因素是我们的生存现状。我们生活在这个贫瘠的星球表面。除了待在地球上，我们别无选择。我们的发展都受制于此。地球是人类的栖息地，人类发展的可能性由它而定。我们的身心都需要得到发展，因为只有这样，我们才能作为个体存活于地球上，才能保障人类的延续。这个问题鞭策着每个人，要我们给出答案，无人能够幸免。无论做什么，我们都在用行为回应我们的生存现状。这些行为揭示了我们心中所想：何为必要，何为适合，何为可能，又有什么值得拥有。我们是人类，我们是居住在地球上的生命体。这一事实，影响着每个人的回答。

考虑到人体的弱点和处境的不安全性，我们必须不辞辛劳找寻答案。为了我们自己，为了人类的幸福，这些答案必须条理清楚，富有远见。这有点类似解答数学题，乱做一通或凭空猜测，都是不对的。我们必须不断努力，运用掌握的方法来解题。即使不能尽善尽美，我们也必须不遗余力，找到差强人意的解决方法。我们必须不断修正自己的答案。在给出答案时，我们要考虑到"我们生活在地球这一贫瘠星球表面"的事实，找出我们所处环境的优缺点。

现在，我们来看看第二种制约因素。人类个体不止一个，我们周围还有其他人。我们与他们同呼吸，共命运。单个人的弱点和局限使得我们无法单枪匹马地实现自己的目标。离群索居，妄图单打独斗，必将遭受灭顶之灾。个体生命、人类生活，都难以为继。我们总与他人紧密相连，这种束缚源于个体自身的弱点、不足和局限性。为了自身的幸福、人类的福祉，伙伴关系至关重要。因此，在解答人生问题时，我们必须考虑这一制约因素。我们生活在联系中，各自为政只会遭受毁灭。在我们栖息的星球之上，与同胞齐心协力，过好自己的生活、延续人类生命，是重中之重的问题，是最主要的目的和目标。与此同时，我们的情绪情感也必须与之相契合。

除此之外，我们还要受制于第三种制约因素：人类有男女之分。个体和人类的生存都避不开这一事实。婚恋问题就属于这一制约因素的范畴，它是男女都必须面对的问题。人们解决这一问题的方式可谓不拘一格，人们的所作所为也说明了他们心目中的最佳方案。

相应地，这三种制约因素带来了三类问题：（1）职业问题：我们能否在地球有限的条件下生存下来；（2）伙伴问题：如何合作，分享合作成果；（3）婚恋问题：如何适应两性世界，保障人类的延续和发展。

个体心理学（Individual Psychology）[①]认为，人生中的所有问题都分属这三类主要问题——职业问题、伙伴问题和婚恋问题。个体对这三类问题的回应清楚地揭露了他对于人生意义的深切感受。比如有这样一个人，爱情不美满，工作不努力，朋友屈指可数，与他人交往如活受罪。看到他的人生事事不顺，我们可以推断，他把活着视为一件难事，荆棘密布，失败连连，也看不到机会。他的活动范围狭窄，建立在"人生意义在于保护自己不受伤害，把自己圈起来，毫发无损逃离"的看法之上。相反，另

---

① 个体心理学是阿德勒的精神分析心理学体系，以"自卑感"和"创造性自我"为中心，强调"社会意识"。

一个人与爱人关系亲密，相处融洽，工作卓有成效，朋友众多，交友也广泛。我们可以推断，他把人生看作创造性的，机遇不断，认为就算失败也可以反败为胜。这样的人之所以勇于面对人生问题，源于他把"关心他人，成为集体的一分子，为人类幸福做出贡献"视作自己的人生意义。

在这里，我们发现了"错误人生意义"的共性，也看到了"正确人生意义"的共同标准。失败者——神经症患者、精神病患者、刑事犯罪分子、酗酒者、问题儿童、自杀者、性变态者、为金钱出卖身体或名誉的人之所以失败，是因为他们缺乏同情心（fellow-feeling）和社会兴趣（social interest）。面对职业问题、伙伴问题和婚恋问题时，他们缺乏自信，不相信这些问题可以通过合作来解决。他们赋予人生的意义是私人化的，也就是说，他们只对自己感兴趣，他们的目标无法造福他人。他们的目标是获得个人优越感，他们的胜利只属于自己。很多谋杀犯曾坦言，手握毒药让他们感觉掌握了生杀大权。但显然，他们只是在向自己确认自身的重要性，其他人并不会因此就觉得他们高人一等。私人化的意义事实上并无任何意义，意义只存在于交流之中。某人认为意义重大的词语可能并无任何意义。我们的目标和行为也是如此，它们的意义也存在于对他人的意义之中。每个人都想变得重要，但如果不了解人的重要性体现在其所做的贡献之中，他们就会犯错。

再讲一个小教派教主的故事。一天，她召集信徒，告诉他们下周三是世界末日。信徒们信以为真，变卖家产，断绝世俗尘缘，激动地等待着预言中的末日来临。然而，星期三平静地过去了，并无异象发生。第二天一早，他们来向教主讨要说法。

"您看看，我们现在多么窘迫！"他们说，"我们放弃了财产，逢人就说星期三是世界末日。大家都笑话我们，但我们并不气馁，一再告诉他们这是权威的话，绝不会有错。可是，星期三过去了，世界还是老样子！"

"可是，我说的星期三，"这位预言家回答道，"并不是你们认为的这个星期三啊！"

这是她的说辞，她借用私人化的意义回应了质疑。的确，这种私人化的意义无法得到验证。

正确的"人生意义"具有普遍意义，能够为他人共享。一个能够解决人生问题的好方案，也可以帮助他人扫清障碍，是能够解决普遍问题的。那些被我们称为天才的人，也是对人类有用之人，他们的人生意义是"为全人类奉献"。在这里，我们所说的并非公开的动机。我们可不管人们说了什么，只按事实说话。有些人成功地战胜了人生难题，他们能够充分而自发地认识到，关心他人，与他人合作，人生才有意义可言。他们所做的一切都以同胞利益为导向。在遇到困难时，他们愿意努力克服，誓要捍卫人类幸福。

这对于许多人来说或许是一种新观点。他们也许会质疑，我们赋予人生的意义真的应当是有所贡献、关心他人、与人们合作吗？他们也许会问："那么我们自己呢？如果总是想着别人，致力于实现他人的利益，那我们自身又该怎么办呢？对于一些个体而言，想要获得自身发展，是不是也应该考虑自己呢？难道我们不应当首先学会捍卫自己的权益，增强自身的人格特质吗？"

这种观点，我认为，大错特错。这种想法是一种误解。试想一下，一个人遵循自己赋予人生的意义，想要有所贡献，并调整情绪，全力以赴，自然会保持最佳状态。他会为实现这个目标做准备，培养社会情感，在实践中获取技能。人一旦设立目标，就会开始做准备，不断充实自己。如此一来，人生的三类问题也解决了，个体的能力也会得到发展。让我们以婚恋问题为例。如果一个人关爱自己的伴侣，想让伴侣过上更安逸、更充实的生活，他一定会竭尽全力。相反，如果一个人不愿付出，只想着自己，那只会惹人讨厌。

另有事实也可证明人生的真正意义在于贡献。放眼看看祖辈们为我们留下的遗产，你看到了什么呢？开垦过的土地、道路和建筑、生活经验（包括传统、哲学、科学和艺术方面的，也包括社会生活技巧方面的）。所有这一切，都是有贡献之人留下的。而另外一些人呢？那些不懂合作，人生另有所图，只知道问"生活能带给我什么"的人，他们又发生了什么呢？他们的人生轻如鸿毛，什么也没有留下。尘世众生会对他们说："我们不需要你们！你们不懂人生！你们的目标和努力、你们珍视的价值观、你们的精神和灵魂，根本没有未来！你们走吧！没人需要你们，从

我们眼前消失吧！""毫无用处，不被需要"就是人们对于不懂
合作之人的评价。当然，我们的文化中仍存在着许多不完善的地
方，我们要改进它们，而这种改进也应该以进一步增进人类福祉
为宗旨。

一直以来，了解这一事实的人都不少。他们知道，人生的意
义在于关心人类，发展社会兴趣，培养爱心。所有宗教中都有涉
及人类救赎的内容。人类一直致力于通过大型运动来提高社会兴
趣，宗教便是之一。然而，宗教常常受到曲解。于是，个体心理
学应运而生，不但运用科学方法得出了相同的结论，而且还提出
了科学的技术手段。比起政治运动和宗教运动，科学是更好的实
现目标的方式，提高了人类对同胞、对人类幸福的关注。我们处
理问题的方式虽不同，但目标却没有变——都是为了更好地关爱
他人。

我们赋予人生的意义会对事业产生影响。它可能是守护天
使，也可能是穷追不舍的魔鬼。因此，我们必须弄懂这些意义如
何形成，为何彼此相异，如果出现错误，又该如何纠正。心理学
与生理学和生物学不同。研究心理学的目的是理解意义对于人类
幸福的作用，了解它们影响人类行为和人类命运的方式。从出生
之日起，人们就开始探索"人生意义"。即使是婴儿，也会评估
自己的力量。六岁左右，个体的行为模式基本确定，个体形成了
自己处理问题和完成任务的方式。他对世界的看法，对自己的期
望，已经根深蒂固。他感知世界的模式难以撼动：先诠释，再接

受，而诠释始终与他赋予人生的意义相一致。就算这种意义大错特错，就算处理问题和任务的方式带来无尽的麻烦和困扰，他也不会轻易抛弃它。因此，要想纠正人生意义中的错误，我们必须回到错误产生的地方，找出差错，校正认知模式。在极少数情况下，个体会受迫于错误结果而改变其赋予人生的意义，自己完成这一转变。然而，没有适当的社会压力，没有被旧方式推上绝路，个体很难做到这一点。大多数情况下，寻求专业人士的帮助是最佳选择，因为他们接受过专业训练，知道如何理解这些意义，也能够发现错误源头，帮助人们找到更适当的人生意义。

下面这个简单的例子会让我们看到人们诠释童年情景的不同方式。同样是童年不幸，但人们赋予它的意义却截然相反。

第一个在童年遭遇过不幸的人不愿受其影响，于是化不幸为力量，把这段经历当作前车之鉴。他想："我必须努力改善不幸局面，确保孩子过上更好的生活。"

第二个人的想法却不是这样。他想："人生太不公平了！好处都落在别人身上！世界如此待我，我为什么要善待这个世界呢？"于是，他教导自己的孩子说："我小时候吃尽苦头，还不是照样挺过来了！你们为什么就不能吃苦呢？"

第三个人也有自己的想法。他想："我的童年那么不幸，我现在做什么都无可厚非！"

这三个人的想法会一览无余地呈现在他们的行动之中。想法不变，行为就不会改变。在这里，个人心理冲破了心理决定论①。经历并非成败的原因。不幸经历——所谓的创伤——从来不能伤害到我们，但为了达到自己的目的，我们会给这些经历添油加醋。我们赋予经历以意义，这些意义又来掌控我们。如果把某些特殊经历当作未来生活的基础，错误总不可避免。意义并非由情况本身所决定，控制我们的是我们赋予情景的意义。

然而，某几类儿童在童年时的遭遇的确极易被赋予错误的意义，大多数失败者都是这样从童年一路走来的。首先是有器质缺陷的儿童。这类儿童幼时体弱多病，过得很辛苦，难以产生人生意义在于奉献的想法。如果身边没人懂得转移他们的注意力，让他们学着去关心别人，他们只会沉湎于自己的感受中。日后，他们会因为不如别人而灰心失望。他们还可能遭到同胞的嘲笑，而大家的怜悯和回避也会加重他们的自卑感。于是，他们离群索居，心事重重，无法参与社会生活，尽自己的一分力量。他们会认为自己为这个世界所不耻。

我认为，在描述器质缺陷儿童的困难方面，我是第一人。作为一个科学分支，个体心理学已颇有建树，但与我的预期还存在着差距。从一开始，我寻找的就不是困难出现的原因，而是战胜这些困难的方法，我不想把失败的责任推卸给遗传或身体状况。器质缺陷并不一定会导向错误的人生格调（style of life）。每个儿童受内分泌腺的影响都不尽相同。许多儿童都战胜了这类困

---

① 心理决定论是精神分析的基本观点，它认为人的一切活动都是先前某种原因的结果，人的行为可以根据先前的经历来预测。

难，并在这个过程中培养出不寻常的能力。在这一点上，个体心理学实在不宜被用作宣扬优生优育计划的工具。许多杰出人士，对我们的文明贡献颇大，但最初都有器质方面的缺陷。他们之中身体状况不佳、英年早逝的人很多。尽管如此，他们还是顽强地克服了身体困难和外界不利因素，不断做出新贡献，促进人类的发展。他们总是越战越勇，一往无前。因此，我们不能完全凭借身体状况来判断心理发展的好坏。然而，迄今为止，绝大多数有器质缺陷的儿童都没有接受过良好的训练，他们的困难并不为人所知。他们的注意力也主要放在了自己身上。正是因为这个原因，那些早年受到器质缺陷困扰的儿童才多成了失败者。

第二类型是娇生惯养的儿童。这种儿童也常常赋予人生错误的意义。娇生惯养的儿童习惯视自己的愿望为金科玉律。他们理所当然地认为自己高于一切。这是与生俱来的权利，不必依靠努力打拼。于是，当他们不再是焦点或者无人留意他们的感受时，就会茫然若失，觉得被整个世界抛弃了。他们已习惯索取，不知付出为何物。他们从来不了解其他解决问题的方式。他人的曲意逢迎已使他们失去了独立性，不知道要靠自己。他们只关心自己，不懂怎样合作，也不理解合作的必要性。在遇到困难时，他们唯一的方式就是发号施令。他们认为自己与众不同，大家也应该知道这一点。他们认为自己理应得到想要的一切。只有这样，他们才会再次变得重要，他们的处境也会因此得到改善。

长大之后，这些娇生惯养的儿童可能会成为危险人群的一分子。他们可能恩将仇报，为了肆意横行，他们甚至不惜"讨巧卖乖"。他们不愿合作，觉得自己非同一般人，普通人的任务根本不入眼。如果不再有人嘘寒问暖，鞍前马后，他们便会觉得被背叛了，会公然抗议。他们视社会为敌人，想要报复所有的同胞。如果社会不合其意（这点几乎不容置疑），他们就会觉得掌握了新证据，足以证明本人受到了虐待。正是出于这个原因，惩罚对他们是无效的，只会确认他们的"被针对感"。因此，无论是不合作还是公然抗议，扮猪吃老虎还是暴力报复，其错误本质都是相同的。事实上，他们很懂得随机应变，会根据情况变换方式，但其目标并没有改变。他们始终觉得"人生意义在于争当第一，成为最重要的人，想什么就有什么"。抱着这种人生态度，他们所采用的方式不可能让他们不犯错！

　　第三种是受到忽视的儿童。这种儿童也很容易犯错，因为他们不知道爱为何物，合作又有何用。他们无法将支持性的力量用于诠释人生。不难理解，他们会高估遇到的困难，不懂得借助他人的善意去战胜它们。他们觉得社会很冷漠，也不期望能够得到帮助。他们不懂贡献可以赢得感情，获得尊重。因此，他们猜疑他人，也不相信自己。的确，他们不知用什么来替代冷漠的情感。母亲的首先任务就是让孩子产生信任感，然后扩大这种信任感，让孩子学会相信周围的人和事。如果母亲没能完成这一任务、引起孩子的关注、获得孩子的情感、让孩子懂得合作，孩子将很难关心社会，培养对同胞的感情。每个人都具备关心他人的能力，但这种能力需要训练和练习，否则其发展就会受阻。

如果儿童完全不被关爱，受到唾弃，他们当然会无视合作。他们很孤立，无法与人沟通，完全没有办法与他人建立联系。这样的个体不可能活得下来。事实上，能够顺利度过婴儿期本身就证明个体或多或少受到关注、得到照顾，因此，完全不被关注的儿童并不存在。儿童受忽视体现在受关注程度不足，或某些方面受到忽视。无论如何，这样的儿童不会信任他人。我们不得不难过地承认，许多孤儿和私生子长大后都是失败者。他们就属于受忽视儿童那一类。

这三种情况——器质缺陷、娇生惯养、受到忽视——向人们赋予人生意义发起了巨大的挑战。我们需要帮助这几类儿童校正处理问题的方式，帮助他们找到更好的人生意义。只要足够重视，也就是说，关注他们，我们就一定能够从他们的行为中发现他们赋予人生的意义。梦和联想是有用的：无论是睡是醒，个体的人格并无变化，只是在睡着时社会压力更小，防御也较少，个性能够更充分地展现。然而，在帮助个体快速理解个体赋予自己、赋予人生的意义方面，作用最大的是记忆。尽管个体觉得有些记忆微不足道，但这些记忆都代表着他值得记住的东西，吻合个体为人生绘制的蓝图，告诉他应该期许什么，回避什么，告诉他"这就是人生"。在这里，我们必须再次强调，如果经历没能作为记忆被保留下来，并帮助我们获得人生意义，那么经历本身并不重要。记忆才是纪念品。

　　早期记忆尤为重要，因为它们展示了个体长期以来对待人生的特有方式，呈现了他最初形成人生态度时所处的场景。早期记忆值得注意的原因有两个：首先，早期记忆可用于评估个体及其境遇，帮助他将自己的言谈举止、较完整的自身象征以及人们对他的要求综合起来。其次，早期记忆是个体的主观出发点，他为自己编写的自传从这里开始。因此，我们总能从中发现个体实际的弱点和不足之处与理想的目标之间的差距。心理学并不在意个体的最初记忆是否是他能记住的第一件事，甚至不关心它是否真实。记忆之所以重要，是因为它们的"主观重要性"，因为人们对它们的诠释，也因为它们承载着现在和以后的生活。

　　现在，我们来看看几例最初记忆，看看它们促成的"人生意义"。

　　"咖啡壶从桌子上掉下来，烫伤了我。这就是人生！"一个女孩这样描述她的最初记忆。我们不难发现，她总感到无助，高估人生的危险和困难。同样，她也在心中指责他人对自己照顾不周：把一个小孩子置于这样的危险之中，也太不小心了！另一个人的最初记忆中也有过相似的画面："我记得自己三岁时从摇篮里摔下来。"这一最初记忆演变成一个梦，反复出现："世界末日要来了，我半夜醒来，看见天边一片红光。星星纷纷落下，我们马上要撞到另一个星球了。在这千钧一发之际，我惊醒过来。"当被问到害怕什么时，他回答："我怕这一生一事无成。"显然，最初记忆和反复出现的梦让他心灰意冷，害怕失败，确信一定有灾难发生。

一名十二岁的男孩因尿床来就诊。在他的最初记忆中，他总和妈妈对着干："有一次，妈妈发现我不见了，跑到街上大声喊我，找我，她很害怕，但其实我一直躲在家里的柜子里。"从这段记忆中，我们可以看出他的想法：人生就是制造麻烦，获取关注；欺骗是获得安全感的方法；人们忽视我，我就愚弄他们。同样，尿床也是让大家担心他、关注他的一种手段。妈妈为他担心、不安，更肯定了他对人生的诠释。和前面例子中讲到的情况一样，这个男孩也认为外面的世界危险重重，只有别人为他担心，他才能获得安全感。唯其如此，他才能确信，只要他需要，大家就会来保护他。

这是一位三十五岁的女人的最初记忆："三岁时，我去地窖。我站在黑漆漆的楼梯上，这时，比我大一点的表哥，也打开门跟着我下来了。我很害怕他。"从这段记忆中，我们可以看出她不习惯与其他孩子玩耍，与异性在一起特别不自在。我猜测她是独生女，事实的确如此。如今，她三十五岁了，仍然未婚。

"我记得妈妈让我推着妹妹的婴儿车。"这段记忆说明了他的社会情感的发展。我们也可从中看到他与弱者在一起时才感到自在的迹象，看到他对母亲的依赖。哥哥姐姐照顾刚出生的弟弟妹妹是件好事。他们关心弟妹，分担照顾的责任，是一种合作行为。只要学会合作，他们就不会觉得自身的重要性因为新生儿的出生而降低。

　　个体渴望陪伴并不足以证明他对他人有兴趣。一个女孩说她的最初记忆是"与姐姐和另外两个小女孩一起玩耍"。显然，我们可以认为她具有良好的社交能力。但是，在她提及自己最怕的事情时，我们对她有了新的认识。她说"我很害怕一个人待着"。由此，我们可以推断，她是个缺乏独立性的人。

　　一旦发现并理解了人生的意义，我们就获得了了解整个人格的钥匙。有人说，人的性格不可改变。在没有找到这把钥匙之前，事情的确如此。没有找出错误的源头，一切都是徒劳。想要培养合作精神，拿出勇气面对生活是唯一的办法。对于预防神经症，合作同样是不二之选。因此，培养儿童的合作精神至关重要，我们应该鼓励他们与同龄儿童相处，在共同任务和合作游戏中找到自己的路。合作能力不足将会引发严重后果。比如，娇生惯养的儿童只对自己有兴趣。在进入学校后，他不会关心别人。唯有获得老师的青睐，他才会对学习感兴趣。他只会选择性地听取对自己有利的话。随着年龄的增长，缺乏社会情感带来的不良后果会越来越明显。错误初露端倪时，他就会放弃培养自己的责任感和独立性。到如今，他已无力承受任何人生考验了。

　　我们不能指责他做得不好。相反，我们应该在他尝到恶果时伸出援手。我们不能期望一个没有学过地理的学生在地理测试中取得高分。同样，我们不能奢望没有受过合作训练的儿童无差错地完成合作任务。事实上，解决所有的人生问题都需要具备合作能力，每种任务都要在人类社会这个框架之内完成。只有理解到人生意味着奉献，个体才有勇气去面对自己的困难，获得成功的机会。

　　如果老师、父母和心理学家能够了解个体赋予人生意义时可能犯下的错误，那么他们不但不会犯同样的错，而且我们相信，他们还可以让缺乏社会兴趣的儿童更好地感知自身能力，把握人生机遇。在遇到问题时，他们才不会放弃，一味逃避，把重担撂给别人，也不会要求别人给予特殊照顾和关心，更不会觉得羞辱，伺机报复。他们不再怨天尤人，问人生意义何在，自己又能从生活中得到什么。相反，他们会说："我们要创造自己的人生，这是我们的使命，我们有能力完成！自己的事自己作主，革故鼎新只能靠我们自己！"如果人人都抱有这种想法，独立而又具有合作精神，人类社会将进无止境。

第二章

灵与肉

在心理支配身体还是身体控制心理这个问题上，人们一直争论不休。哲学家们也加入了争论行列，各抒己见。他们或称唯心主义者，或称唯物主义者，提出的论点岂止千万。但这个问题仍众口纷纭，悬而未决。个体心理学也许能够帮助人们找出解决办法，因为在个体心理中，我们能切实地感受到身与心的交互作用。人们来这里接受治疗，错误的治疗方式根本帮不了他们。我们的理论必须基于经验，也必须经过实践检验。然而，这些交互作用就发生在我们身上。所谓当局者迷，要找出正确观点，我们仍面临着巨大的挑战。

个体心理学的出现在很大程度上缓解了这个问题的张力。它不再是一个"非此即彼"的问题。我们看到，身体和心理都是生命的表现。它们是生命的一部分，构成了生命这个整体。我们要懂得它们在整体中的互补关系。我们不应该只关注身体的发展。植物有根，只可生长在一个地方，无法移动，因此，植物没有思想可言，至少说，没有我们所理解的思想可言。就算植物可以预见或推断结果，这种功能对它也全无用处。植物能思考有何用呢？"有人来了。他马上要来对付我了，我要被踩死了！"就算它能如此想，也无法逃走啊！

然而，可移动生物却可以规划自己的移动方向。正因为如此，他们才有必要具有思想或精神。

"意识，你当然是有的，否则你就不会有行动。"

——《哈姆雷特》，第三幕第四场

能够预见移动方向是心理的主要性能。意识到这一点，我们就能理解心理支配身体的方式——设定行动目标。不停地随机移动绝非明智之举。努力必须有其预设目标。心理决定身体的具体位置，所以它在生活中占据支配地位。身体也会影响心理。一方面，心理移动的是身体；另一方面，心理虽可移动身体，却不得不遵循身体自身的可能性，无法超越身体的局限。比如，你心里想去月球，但如果找不到可以克服身体局限的方法，也是不会成功的。

比起其他生物，人类移动起来更积极，其方式更多样（比如双手能做出精巧的动作），也更能借助移动来变换周围环境。因此，我们认为，人类心理的预见能力可以得到极高的发展，而且人类能够给出明确证据，证明自己的努力指向一个目标，可以改善他们的整体处境，提高整体地位。

我们看到，人类的行动各种各样，但背后所隐藏的目标却具有唯一性。这个目标涵盖了一切。我们所有的努力都指向一个目标——获得安全感，战胜人生苦难，从中解脱，获得胜利。所有行动和表现都必须与这一目标协调一致，统一起来。心理必须发展，以便实现最终的理想目标；身体也一样，要努力成为一个统一体，朝着早已深埋于基因之中的理想目标发展。比如，皮肤破损时，整个身体就会调动起来，确保它快速复原。然而，身体并非单打独斗，心理也会加入进来，帮助它发展。练习和训练的价值、卫生保健的重要性都得到了证实。在朝着最终目标奋斗的过程中，心理的确会为身体提供极大的帮助。

从出生到死亡，身体和心理就一直保持着这样的合作关系，从未间断。身体和心理共同协作，是整体中不可分割的两部分。心灵是发动机，带动身体潜能，帮助身体获得安全感，傲视一切困难。在每个身体动作中，从每种表情和症候中，我们都可以看到心理的蛛丝马迹。个体的一举一动都有其意义，而赋予它意义的正是心理。至此，我们便知道心理学或心灵科学真正研究的内容了。心理学就是要探索个体所有表现形式中蕴涵的意义，找出个体实现目标的关键，并与他人的目标进行比较。

在实现最终的安全目标时，心理必须对这个目标进行具体化，计算出安全感来源于哪个"特定点"，再朝着这个方向行进。没有确定的目标，没有设定明确的方向，行动无从谈起。比如，举手这一动作，代表着个体心中已有了某个目标，且需要通过这一动作来实现。当然，这个过程中也许会出现错误。在现实中，心理选择的方向也许还会引发灾难。但是，这个方向之所以被选中，却是因为心理误把它当作最佳的方向。因此，所有的心理错误都是选择方向的错误。每个人都有安全目标，但有些人弄错了安全感的出处，以致误入歧途。

在搞不清楚某种表现和症状背后的意义时，我们首先要简化它，把它看作单纯的举动。让我们以偷盗为例。偷盗旨在把他人的财物据为己有。我们来看看这一举动的具体目的：让自己拥有更多，变得富有，获得更强的安全感。因此，它的出发点源于贫穷感和匮乏感。接下来，我们需要找出个体所处的环境，以及这种匮乏感产生的原因。最后，我们可以看看，个体改变这种情况，战胜自身匮乏感的方式对不对，行为方向是否正确。我们不应反对个体的最终目标，但我们应该指出，他实现这一目标的具体方式是错误的。

我们把人类对于环境的改变称为文明。人类文明是行动的结果，而行动源于心理对身体的指令。心理是灵感之源，它引导和帮助身体得到发展。归根到底，人类的一举一动都由心而起，没有哪一种举动不是心之所向。然而，过分强调心理绝不可取。想要战胜困难，身体健康不可或缺。因此，心理支配环境，使身体得到保护——这样才可以免除病痛，消除死亡，避免伤害、事故的发生。正因为如此，我们才能够感受悲喜，可以突发奇想，无论环境好坏都能适应。感觉作用于身体，使它以特定的反应模式来面对某种情况。人们通过空想和认同来预见未来，但它们的作用并不限于此。它们还会激发情绪情感，使之与身体反应一致。

这样一来，个体的情绪情感也会与他赋予人生的意义相吻合，打上其奋斗目标的烙印。在很大程度上，它们控制着身体，却又不依附于身体。从根本上说，它们取决于个体的目标以及人生格调。

显然，支配个体的并非只有人生格调。没有其他力量推波助澜，个体的态度不能制造症候。要将态度转化为行动，情绪情感必来推波助澜。个体心理学认为，情绪情感与人生格调并不矛盾。这是一种新观点。个体制定目标后，就会让情绪情感去适应目标，让目标实现。因此，我们已经超越了生理学或生物学领域。我们不能用化学理论去解释情绪情感的激发，也不能用化学测试来预测。虽然个体心理学以生理过程为前提，但我们更感兴趣的是心理目标。我们关注的不是焦虑对交感神经和副交感神经的影响，而是焦虑的目的和目标。

在个体心理学中，我们不认为焦虑源于性压抑，也不认为它是不幸经历的结果。这些解释都不得要领。我们知道，习惯母亲陪伴、要母亲支持的孩子，可能出现焦虑。不管原因何在，这都是他们控制母亲的有效手段。我们并不满足于把愤怒描述为身体上的情绪反应。经验告诉我们，愤怒是控制他人、主导局面的工具。我们可以认为，身体和心理的表现形式都基于遗传物质，但是，我们的关注点指向其运用：怎样使用这种物质来达到特定的目标。

我们可以从每个个体身上看到，情绪情感的发展方向和强化程度对目标的实现来说至关重要。他，或焦虑或勇敢，或快乐或悲伤，始终同人生格调保持一致。如果个体选择用悲伤来实现自己的优越目标，他不可能快乐，也不可能满意自己的成就。同样，情绪情感会随着需要出现或消失。比如，待在家里或支配别人时，广场恐怖症患者的焦虑感会消失。又如，神经症患者会拒绝接纳不能让自己产生征服感的东西。

人生格调难以撼动，情感基调也很稳固。懦夫与弱小的人待一起会变得傲慢，受人庇护时看似充满勇气，但懦夫始终是懦夫。他在门上装三把锁，靠警犬保护，布设陷阱，却坚持声称自己很勇敢。没人能够证实他的焦虑，但当他不厌其烦、费尽心机地保护自己时，其性格中的懦弱已经暴露无遗了。

个体在性与爱方面也会出现类似的情况。当个体渴望实质性的目标时，性方面的感受就会出现。他全神贯注，拒绝接纳有冲突的任务和不相容的兴趣，恰当的情绪情感被唤起，相应的身体功能也会准备就绪。如果不能拒绝不当的任务和兴趣，他就无法唤起情绪情感，唤醒功能，就会出现诸如阳痿、早泄、性欲倒错和性冷淡等症状。这些不正常现象的出现多与错误的优越目标和人生格调有关。我们发现，这些人总期望得到关心而不愿给予，他们缺乏社会情感，不勇敢，也不乐观、活跃。

我有一个病人，他是家里的次子，深陷内疚感中无法自拔。他的父亲和大哥都很推崇诚实。七岁时的一天，他告诉老师完成了作业，但事实上那天的作业是大哥帮他完成的。三年过去了，这个男孩一直因为此事耿耿于怀。终于，有一天他找到这位老师，承认自己说了谎。老师仅仅打趣了他一番。随后，他找到父母，泪流满面，再一次忏悔自己说了谎。这一次的结果要好一些，父亲说他诚实，表扬了他，为他骄傲，也安慰了他。尽管父亲原谅了他，但这个男孩还是很低落。显然，他想要表明自己很正直，谨小慎微，再小的事也不放过。家中的道德氛围很浓，他也急于彰显自己的正直。他觉得自己无论在学业方面还是在社会吸引力方面都不如哥哥。他以退为进，想用这种方式获得优越感。

在以后的日子里，他还是常常责备自己。他手淫，时不时在学习上作弊。只要参加考试，他的内疚感就会加大。日子一天天过去，这类问题越积越多。他很敏感，心理负担也因此比哥哥更重，但他把所有的失败都归咎于一个借口。大学毕业后，他想从事技术工作，但强迫性内疚来势汹汹。他只能每天不停祈祷，乞求上帝宽恕，根本没有时间和精力外出工作。

他的病情不断恶化，最终进了一家精神病院。医生认为他不可能再康复了。然而，在一段时间后，他居然好了起来，还出了院。他出院时表达了如果犯病想再回来的愿望。回家后，他换了工作，开始研究艺术史。在考试之前的一个假日，他走进教堂，在众目睽睽之下扑倒在地，大声叫喊："我是恶贯满盈的罪人！"良心再一次俘虏了他。

他再次被送入精神病院，但待了一段时间后还是回家了。不久，他又赤身裸体地冲进教堂。他身强体壮。就这一点来说，他的确可以与哥哥和其他人抗衡。

他以内疚感显示诚实，内疚感因此成为他的手段，也成为他获取优越感的方式。然而，他的努力方向对人生无益。他很懦弱，只知逃避考试、回避工作，产生了强烈的缺陷感。他的神经官能症是有目的的拒绝，帮助他逃避可能导致失败的事件。很显然，他跪倒在教堂里，哗众取宠地走进餐厅是低劣的伎俩，也是获取优越感的方式。他的人生格调决定了这一切，他所诱发的情绪情感也与之吻合。

在人生的最初四五年里，个体一直在进行心理整合，建立身心关系。个体以遗传为基础，吸收环境的影响，并依靠它们获得优越感。五年之后，个体的个性已基本固定。他赋予人生的意义、追求的目标、处理问题的风格、情感倾向，都已基本尘埃落定。在以后的日子里，它们也会发生改变，但是，这种变化取决于个体能否摆脱童年时期固着的错误。之前的表现形式符合个体以前对人生的诠释。在错误纠正之后，会有新的表现形式来吻合新的诠释。

个体通过身体器官感知所处的环境，从中受到影响，因此，训练身体的方式揭示了个体愿意接受哪些环境影响，也揭示了他运用经验的方式。我们可以通过个体观察和倾听的方式，通过他喜欢的东西来了解他。身体姿势的重要性也体现在这里，它们展示了器官所受的训练。个体所受的影响也一定会从身体姿势中显示出来。身体姿势始终受制于意义。

如此一来，我们对于心理学的理解还可以进一步完善：心理学也研究个体对身体影响的态度。同样，我们能够理解人类心理差异巨大的原因。如果身体不能适应环境，难以完成环境提出的要求，心理必将视它为负担。鉴于这一原因，存在器质缺陷的儿童在心理发展方面遇到的阻碍更大。他们的心理更难发生作用，更难调动，也更难去控制他们的身体。哪怕完成相同的目标，他们也需要精神更集中，付出加倍的努力。如此一来，他们的心理负担很重，也因此变得自私自利，以自我为中心。受制于器质缺陷，行动不便的儿童根本没有余力去关注自身之外的东西。他们无暇自由地关心他人，也难怪会缺乏社会情感、缺少合作能力了！

器质缺陷虽带来许多不利，但绝非无法摆脱。积极的心态，再加上刻苦训练，困难并非不可战胜。个体的成就也绝不会比别人低。事实上，相比正常人，有器质缺陷的儿童之中不乏克服障碍、建功立业者。障碍有时还会成为他们前进的动力。比如，患有眼疾的男孩可能视觉体验更丰富。他比不上那些无须努力就能看出细微差别的人，这反而激发他留意观察。他因此更懂得关注自己眼中的世界，兴趣盎然地分辨颜色、区分形状。在这种情况下，器质缺陷反而带来了巨大的好处。但是，要想克服困难，前提是个体必须找到正确方法。相当多的画家和诗人都有视力缺陷，但他们的心理发育正常，足以弥补这类缺陷，并扬长避短，激发眼睛的潜力。这种补偿现象在左利手儿童的身上表现得更为明显。最初，大家都不知道他们是左利手。在家里，或是刚入学时，家长或老师都让他们使用右手。他们因此不能写出好字，画画和手工作业也一团糟。我们说过，心理可以指引人们克服困难，那么，不灵活的右手也可以被训练得得心应手。事实的确也是如此。许多左利手儿童也能用右手写字、画画、做手工，而且表现出来的技艺水平比右利手儿童更高。因为获得了技巧，兴趣被培养起来，再加上训练和练习，他们将劣势转化为优势。

只有不固着于自身、乐于贡献，儿童才可能通过训练成功弥补缺陷。只想着消除自身困难的儿童会停步不前。只有懂得藐视障碍、把实现目标放在首位、向着目标努力，他们才能鼓起勇气。问题的关键在于他们把兴趣和注意力放在何处。以超越自身为奋斗目标，他们自然会训练自己、充实自己。困难虽是成功路上的障碍，但并不足为惧，是完全可以克服的。相反，如果满脑子只想着自身的缺陷，除了摆脱它们别无目标，个体根本不可能真正取得进步。担忧，寄希望于它们自己变好，甚至回避，都不可能让不灵活的右手变得灵巧。实操练习才是可行的办法。笨拙虽让人气馁，但个体应该满怀希望去战胜它。在积聚力量、克服困难的时候，个体必须超越自己、制定行动目标。这个目标必须基于个体的兴趣。个体要关注他人、关注合作。

我研究过一些深受肾病困扰的家庭，并从中很好地了解到遗传的作用。这些家庭中的儿童通常都患有遗尿症。器质缺陷确实存在：肾脏、膀胱有问题，脊椎的神经管闭合不全（脊椎裂）。从腰椎段皮肤上的痣或胎记来看，这个区域通常也存在着相应的问题。然而，器质缺陷并不足以引发遗尿症，身体器官并不能强制发挥作用。事实上，儿童正以自己的方式利用这些器质缺陷。比如，一些儿童本来只有晚上遗尿，但这种习惯有时会因为环境或父母态度的改变而忽然消失。如果儿童不再利用器质缺陷达到错误的目的，那么遗尿症并不难治愈。当然，有智力缺陷的儿童除外。

患有遗尿症的儿童大都不愿意克制，相反，他们倾向于一直这样下去。经验丰富的母亲可以恰到好处地训练他们，但如果母亲没有这方面的经验，儿童就会保持这种无谓的坏习惯。通常，患有肾脏疾病或膀胱疾病的家庭很在意与排尿相关的问题。母亲极力阻止遗尿症状的做法是错误的。当孩子注意到家人特别关注这一方面时，他很可能会反抗。这可是抗议这种教育的好机会！如果孩子对父母不满，他会以自己的方式攻击他们的弱点。德国一位著名的社会学家发现，从事犯罪相关工作的家庭，如法官家庭、警察家庭和监狱看守家庭，出现罪犯的比例相当惊人。许多来自教师家庭的孩子成绩也并不理想。在我的经验中，事实的确如此。我还发现，医生家庭多有神经症患儿，牧师家庭常出违法儿童。同样，父母过度强调排尿，孩子就会以此为武器表达自己的意愿。

我们同样以遗尿症为例，看看梦如何唤起吻合目标行为的情绪情感。儿童尿床时，常常梦到自己下床去了厕所。因此，他们觉得自己情有可原，尿床事出有因，无可指摘。一般来说，尿床是为了引起注意，征服他人，就算夜里也要占据他人的注意力。有时候，他们是为了对抗他人，利用这一习惯宣扬敌意。总的来说，遗尿确实是一种非常规的表达方式：儿童不用嘴说话，而请膀胱代言。器质缺陷不过是他们表达观点的方式罢了。

以此方式表达自己，说明儿童一直处于紧张状态。在通常情况下，这些儿童都曾被娇生惯养，但现在却不再是关注的焦点。也许，弟弟妹妹的出生动摇了他们的专宠地位，因此，他们想通过遗尿拉近与母亲的关系，不管这种方式是否令人不悦。事实上，这一行为诉说着"你错了，我还没有长大，仍然需要你的关心和照顾"。情况不同，器质缺陷不同，儿童选择的方式也不同。比如，他们还会利用声音建立联系，如夜里哭闹不休。也有梦游、做噩梦、从床上掉下来或口渴要水喝的情况发生。这些都只是表现形式，其心理背景都是相同的。儿童选择何种方式，一方面取决于器质状况，另一方面则取决于周围人的态度。

这些例子都很好地说明了心理对身体的影响。可以肯定的是，心理不但影响着身体症状的选择，还支配和影响着整个身体的塑造。遗憾的是，对于这一假设，我们不能给出直接证据，也很难找出证据。

然而，这方面的迹象却十分清晰。男孩子胆小腼腆，其发展的方方面面都会折射出这种特性。他不在意自己的身体状态，甚至不相信自己可以练就一副好身体。他不会参加锻炼，对所有锻炼身体的建议也是充耳不闻。相反，另一些勇敢的儿童会相信锻炼的好处，爱上锻炼，身体因此获益。于是，前者因为兴趣受阻一直落后于人。

因此，我们可以推断，身体及其整体发展受心理影响，反映了心理的错误与不足。我们常常可以观察到一些身体上的表现，它们源于心理缺陷，但人们尚未找到补偿这些心理缺陷的正确方式。比如，在人生最初的四五年里，内分泌腺本身会受到影响。一方面，内分泌缺陷不会强行影响行为；另一方面，它们一直受到整体环境的影响，受制于儿童对影响的选择以及心理对情境的创造加工。

另一种迹象理解和接受起来也许更容易，虽然它所诱发的表现并不稳固，只是暂时性的，但它更常见。从某种程度上说，任何情绪都有其身体表现。个体会借用某种可见形式——姿势、态度、面部表情、战栗的双腿——展现他的情绪。器官本身也会发生类似的变化。比如，个体脸红或脸色苍白时，血液循环也会受到影响。只要带有情绪，身体都会有所反应，并且每个个体的身体反应方式都不尽相同。在感到害怕时，有人发抖，有人头发直立，有人心悸，有人流汗或窒息，有人声音沙哑，有人逃走或蜷缩起来。有时候，个体还会身体紧张，没有胃口，开始呕吐。对于一些人来说，情绪会影响内分泌，而对另一些人来说，受刺激的却是性器官。考试时，某些儿童会感受到性器官的刺激。众所周知，一些人做了违法乱纪的事后会去妓院或找情人发泄。在科学界，心理学家也声称性行为与焦虑有关联，他们认为，这两者并非风马牛不相及。然而，想法取决于个人经验，这种联系对一些人的确存在，但对另一些人却不存在。

每种类型的个体都会出现某种身体反应。从某种程度上说，它们源于遗传，常常暗示了家族的弱点和特性。家庭中每位成员的身体反应很可能极为相似。然而，这里最有趣的是，我们可以看到心理如何通过情绪激活身体。情绪及身体表现告诉我们，在被诠释为有利的情况下心理如何发生作用，在被诠释为不利的情况下，心理又将如何反应。让我们以发脾气为例。个体想要尽快克服自己的缺陷，最好的办法是打击、控诉或攻击另一个人。愤怒也会作用于身体器官，动员它们采取行动，或给它们施加额外压力。在生气时，一些人会感到胃不舒服，也有人脸发红。他们的身体循环发生了大变化，甚至会头痛。压抑的怒气或屈辱感会引发偏头痛或习惯性头痛。愤怒还会导致三叉神经痛或癫痫发作。

身体受到影响的方式尚未完全揭秘，我们对它们只是一知半解。心理紧张会影响中枢神经系统。紧张时，自主神经系统就会采取行动。个体在感到紧张时总会做点什么，比如敲打桌子、用手指拉扯嘴唇、撕碎纸张。咬铅笔和咀嚼雪茄也可以释放这种紧张感。个体通过这些行为告诉我们，他感受到了重压。同样，遇到陌生人脸红、发抖或抽搐，都是因为紧张。紧张感通过自主神经传遍整个身体，因此，每种情绪都可以让整个身体处于紧张状态。然而，这种紧张感的表现方式，并非每一次都那么一目了然，我们所说的症状其实只是大家都知晓的结果。经过更仔细的观察，我们发现，一个身体部位对应着一种情绪表达形式，而且这些身体表现是心理和身体共同作用的结果。心理和身体是整体的有机组成部分，我们关心整体，就必须找出两者的交互作用。

这些迹象表明，人生格调和与之对应的情绪倾向持续影响着身体的发展。人们常说："三岁看大，七岁看老。"如果这种说法正确，那么我们可以凭借经验看出个体日后的体质状况。如果个体充满勇气，他的体格中也会呈现这种态度。他的身体将不同于常人：肌肉更强壮，身体也会更结实。心境极大地影响着身体发展，也会在某种程度上影响肌肉的张力。相由心生，勇敢的人具有不同的面部表情，整个容貌会因此发生相应的改变，甚至是颅骨的构造也会有所不同。

无可否认，心理会影响大脑。病理学案例显示，即使大脑左半球受损、丧失读写能力，个体也可以通过训练大脑的其他部分重获这一能力。中风者恢复器质功能的事也常有发生：虽然受损部分已不能复原，但大脑的其他部分可以给予补偿，大脑的功能再一次得到完善。这种情况非常重要，说明个体心理学在教育上具有极大的潜在应用价值。大脑受制于心，它只是思维的工具——虽然非常重要，但仍然只是一种工具。我们可以想方设法地开发它，改进它。大脑能力并非不可改变，每个人都可以摆脱天生的限制。我们可以找到方式训练大脑，使它更好地应对生活。

不愿培养合作能力，便无法促进脑发育。正因为如此，许多缺乏合作能力的儿童通常智力水平和理解水平发展不高。个体在四五岁时已基本确定人生格调，在成年时的一举一动都表现出人生格调对他的影响，因此，我们可以清楚地看到个体的统觉模式、他赋予人生的意义，也可以看到他在合作中存在的障碍，帮助他纠正错误。个体心理学已经向着这一技术迈出了第一步。

许多人都曾指出身心存在着恒定联系，却没人试图去探索两者之间的过渡关系。让我们以克雷奇默①为例。克雷奇默描述了心理怎样随身体的变化发生相应的改变，并对不同个体进行了描述，比如，肥胖型的人又矮又胖，圆脸，短鼻子。恺撒大帝这样描述他们：

"但愿有胖子常随我左右；
头颅光滑，夜里好睡的胖子。"

——《恺撒大帝》，第一场，第二幕

克雷奇默把这种体格和某种特定心理特点联系在一起，但

① 1888—1964年，德国精神病学家，心理学家。

他并没有阐明这种联系的原因。在我们看来，具有这种体格的个体似乎并不存在器质缺陷，他们的身体能够很好地适合我们的文化。他们的身体不逊于其他人，他们相信自己的力量，能够做到不慌不忙。就算要打架，他们也不用担心打不过。因此，他们没有必要视他人为敌人，也不用与之抗争。某心理学派①把这类人称作外倾型的人，但没有给出原因。他们当然外向，因为身体不会给他们造成困扰。

　　克雷奇默提到，与之相反的是具有精神分裂性人格的人。这类人很孩子气、身材高挑、长鼻子、蛋形脑袋。克雷奇默认为，这类人克制而内向，遇到心理困扰易患上精神分裂。对于这一类型的人，恺撒大帝这样评价：

　　　　"卡修斯面黄肌瘦；

　　　　他想得太多；这样的家伙就是危险。"

　　　　　　　　　　　　——《恺撒大帝》，第一场，第二幕

　　这些个体也许存在器质缺陷，长大后自私、悲观、"内向"。他们或许需要更多的帮助，如果得不到充分关注，他们就会怀恨抱怨，变得多疑。然而，正如克雷奇默所说，情况错综复杂，矮胖型的人中也有具有精神分裂性心理特征的人。这一点并

---

　　①　即荣格心理学派。在荣格人格类型理论中，将人分为内倾和外倾两种基本心理态度。

不难理解，除了身体原因，其他重压也可能让人变得胆小怕事，灰心沮丧。长期遭受挫折会让任何儿童如精神分裂人格者一样行事。

只要经验足够丰富，人们可以做到见微知著，从个体的部分表现中辨识其合作水平。虽然没有意识到，但人们一直都在寻找这类蛛丝马迹。人们迫切需要合作，人们靠直觉（而非科学）寻找线索，了解如何在混沌的生活中找准自己的位置。同样，在重大的历史变革之前，人们心中通常已认识到变革的必要，开始朝着这个方向努力。但是，仅凭直觉，犯错在所难免。人们不喜欢相貌怪异的个体，也不喜欢丑八怪或驼背者，总觉得他们不适宜合作。这种无意识的判断虽大错特错，但或许是经验之谈。人们无法提升异常个体的合作水平，因而过度强调其缺陷，使他们成了盲目想法的受害者。

现在，我们来总结一下上述观点。在生命最初的四五年里，儿童努力整合自己的心理，身心间的基本关系得以建立。人生格调确定下来，相应的情绪习惯和身体习性随之形成。在成长过程中，个体培养出或高或低的合作水平。我们正是从这种合作水平中学会了判断和理解个体。合作能力差的人几乎都会失败。在这里，我们可以给出一个更清楚的关于心理学的定义：心理学是理解合作缺陷的科学。心理具有一致性。人生格调贯穿在所有的心理表现形式中，因此，个体的情绪情感和所有想法都必然与之一致。当情绪情感带来麻烦、与个体幸福背道而驰时，从改变这些情绪情感入手毫无作用。它们只是个体人生格调的体现。个体要想彻底改变，只有改变其人生格调。

在此，个体心理学为教育和治疗提出了特别建议。我们不应孤立地看待某种表现形式。我们必须找出人生格调中的问题，找到诠释经验时所犯下的错误，也要找出在回应身体影响和环境影响时犯下的行为错误。这才是心理学的真正使命。只关注儿童在受到刺激时的反应情况，如被针刺时能跳多高，挠痒时能笑多大声，不是真正的心理学。许多现代心理学家都在研究这些内容。事实上，它们只呈现了个体的心理状态，最多只在某种程度上展示了固定的人生格调。人生格调是真正的心理学主题，是值得研究的题材。其他流派研究的其他主题，不过是生理学和生物学方面的问题罢了。研究刺激和反应的人、追踪创伤效应或骇人经历后果的人、验证遗传能力的人，就属于我说的这种情况。个体心理学思考的是心理本身、思想的一致性。个体心理学研究意义——个体赋予世界、赋予自己、赋予其目标的意义，验证个体努力的方向，探究他们处理人生问题的方式。检验合作水平，就是我们打开心理差异这把锁的钥匙。

第三章

自卑感和优越感

"自卑情结"，是个体心理学最重要的主题。这一术语已享誉世界，为各流派的心理学家所接受，也被广泛地应用于实践之中。然而，我并不确定他们对这个词的理解和使用是否正确。比如，告诉病人他有"自卑情结"并无助益，这样做只会强化他的自卑感，无助于告诉他如何战胜这种感觉。我们必须认识到他的人生格调中呈现的特定障碍，找准他缺乏勇气的原因，并及时鼓励他。每个神经症患者都有自卑情结。事实上，自卑是神经症患者共有的症状。但是，每个患者无法发挥自身作用的情况有所不同，每个患者的奋斗和行为受制于不同的情况。告诉他们"你们带有自卑情结"没有任何作用，并不能让他们变得勇敢。试想我们对头痛的人说"我知道你头痛"，又有什么用呢？

　　在被问及是否自卑时，许多神经症患者都会回答"不"。有人甚至会说，"恰恰相反，我比身边的人都强"。所以，我们不必问，只观察他们的行为就行了。我们需要注意个体确保自身重要性的手段。比如：遇到傲慢的人时，我们可以推断他想的是"其他人看不起我，我偏要他们觉得我是大人物"；碰到说话时动作夸张的人时，我们可以推测他想的是"如果不强调我说的话，它们怎会有分量"。每个妄图用行为显示优越感的人都只想掩饰背后的自卑感，就像矮子踮着脚尖走路，想让自己看起来更高一些。两个小孩子比高矮也是如此。担心比不过对方的那个孩子会一直昂起头，挺起胸，尽量让自己看起来高一些。如果拿"你觉得自己矮吗"这个问题问他，我们可不要指望他能承认自己矮这个事实！

因此，怀有强烈自卑感的人不可能表现得安静温和。我们不要期望这类人内敛无害。自卑感的表现形式可谓千奇百怪。对于这一点，我想借用一个小故事加以说明。三个孩子跟着妈妈去动物园，这是他们第一次去动物园，第一次看到狮子。第一个孩子缩到他妈妈身后，说："我想回家。"第二个孩子站在原地，脸色苍白，浑身发抖，嘴里却说："我一点也不怕。"第三个孩子瞪着狮子，问妈妈道："我可以朝它吐口水吗？"这三个孩子都觉得自己不如狮子，感到自卑，但每个人的表达方式却不尽相同。这与其人生格调一致。

我们每个人或多或少都会感到自卑，因为每个人都会觉得自己有尚待提高的地方。我们应该鼓起勇气，着手摆脱这种感觉。改变现状是唯一符合要求的方式，直接又切实可行。没有人能够长期承受自卑，他会因紧张而有所举动。但是，如果个体缺乏勇气，也不相信努力就能改变现状，那么就算他不能承受自卑感，想要摆脱这种感觉，他所采取的方式也无法引领他前行。他的目标并非"克服"困难，他会试图麻痹自己，沉醉于虚幻的优越感之中。但局面并没有得到改变，他的自卑感也越积越深。根源并没有被消除，他渐渐走入自我欺骗的深渊。问题越来越紧迫，压得他喘不过气来。乍看他的行为，我们会觉得这些行为无意义可言，并不会对改善局面有所助益。然而，只要仔细一想，我们就会发现，与其他人一样，他因为忙于应对不足感，放弃了改变客观局面的希望。我们恍然大悟，原来他的行为具有一致性！他想逃离劣势环境，想让自己变得强大，但是，他不懂得训练自己，培养自己的能力，所以只能自欺欺人。这种做法或许有一定的成效，但归根到底，这不过是愚弄自己罢了。工作上不如人意，至少可以在家中专横跋扈。这便是他确保自身重要性的方式。虽然他可以麻醉自己，但自卑感却不会有丝毫减少。情况不变，唤起的自卑感也不会变。久而久之，它便成为永不消逝的暗涌。这便是我们所说的"自卑情结"。

现在，我们来说说什么是自卑情结。如果一个人遇到无法处理的问题，并坚信无法解决时，那么他的自卑情结就会出现。从中我们可以看到，愤怒、流泪和道歉，都是自卑情结的表现。自卑带来紧张，因此人们总会采取补偿行动。然而，这种补偿行动并非指向问题的解决，而是指向优越感，但指向优越感的行动并不能在人生中发挥作用。于是，真正的问题被搁置，被排除在外。个体会限制自己的活动范围，也会因忙于回避失败而不思进取。面对困难，他犹豫不决，停滞不前。

广场恐怖症（agoraphobia）①患者呈现的正是这种态度。这一症状背后的信念为："我不应该走得太远，我应该待在熟悉的地方。生活充满了危险，我必须躲着它们。"如果个体一直抱着这种态度，他就会把自己关在房间里，甚至一直赖床不起。自杀是最彻底的逃避，意味着个体彻底向困难投降，坚信自己无能为力，无法改变现状。自杀代表着指责和报复，因此，它也是获得优越感的方式。每个自杀的人都认为有人应该对他的死负责。他借用自杀诉说着"我那么脆弱，那么敏感，你却如此残忍地对待我"！

从某种程度上说，每个神经症患者都会限制自己的活动范围，限制自己了解现实情况。他会试图远离人生的三类问题，将自己禁锢在可以掌控的环境中。他为自己修筑"牢笼"，关上门，隔绝清风、阳光、新鲜空气。他的支配方式是恃强凌弱还是哀怨哭诉，取决于他的习惯。他选择的方式，都经过测试，是最好的，并且能有效地实现他的目标。一种方法不好用了，他就会转用另一种方法，但他的目标不会变，仍然是在不改善局势的情况下获得优越感。儿童缺乏勇气，想要借助眼泪恣意妄为，他就会整日哭闹不止。如此发展下去，长大后，他定会患上忧郁症。眼泪和抱怨——我把这种方式称为"水的力量"——是非常有效的武器，可以破坏合作、奴役他人。这种人，与那些害羞、难为

① 焦虑症的一种，指在公共场合和陌生地方停留的极端恐惧。

情和内疚的人一样，都表现出自卑情结。他们乐于承认自己的弱点，承认无力照顾自己。他们想以此掩饰凌驾他人之上的目标，掩饰他们不计任何代价奋勇争先的渴望。与之相反的是爱吹嘘的孩子，他们夸夸其谈，似乎很有优越感，但是只要静观其行，我们马上就能看到他们身上隐藏的自卑情结。

　　所谓的"俄狄浦斯情结"实际上也是神经症患者为自己修筑的"牢笼"。个体害怕面对爱情问题，自然不能好好地处理这个问题。个体的活动局限在家庭范围内，他与异性的关系也会呈现这些局限。他没有安全感，除了少数几个最熟悉的人之外，不会再对其他人感兴趣。他害怕与人相处，害怕偏离自己熟悉的方式，害怕失控。"俄狄浦斯情结"害了那些娇生惯养的儿童，他们已经形成习惯，相信自己的愿望一定会得到满足。离开家庭，通过自身努力收获情谊与爱情这种事，他们才不会相信呢！成年后，他们仍系在母亲的围裙上。他们想要寻找的是仆人不是伴侣。他们相信，母亲就是最忠实的仆人。只要母亲保持溺爱的态度，父亲保持冷漠，不让孩子关注其他人，每个孩子都可能发展出俄狄浦斯情结。

　　所有神经症患者脑海中都会出现行动受限的画面。口吃者说话时犹豫不决。虽然他残留着少许社会情感，渴望与同伴建立联系，但他对自己的评价很低，害怕接受考验。这种冲突导致他说起话来思前顾后。学校里的"后进生"、年近三十还未立业的男男女女、无视婚姻问题的人、一再重复同样动作的强迫症患者、每天疲于奔命的失眠者都有自卑情结，无法顺利解决人生问题。手淫、早泄、阳痿、性欲倒错①，都表现出人生格调的缺陷，呈现个体认为自己不够资格接近异性的恐惧。目标太过高远，某些想法就会出现。如果问及"他为什么那么担心自己不够资格"，回答只会是"他太好高骛远了"。这一问一答倒颇具启发性。

我们说过，有自卑感本身并非不正常。自卑感是人类进步的动力。科学得以发展，不正因为人类认识到自己的无知，想要预见未来吗？人类努力改善现状，更深入地了解宇宙，更好地管理它，这才有了科学。在我看来，自卑感是人类文明的基础。如果有外星人造访地球，他们一定会说："这些地球人呀，组建协会机构，修房挡雨，穿衣取暖，建路通途，不遗余力地确保安全，他们一定觉得自己是这颗星球上最弱小的寄居者。"从某种程度上说，人类的确是最弱小的生物。我们力不及狮子和大猩猩，也不比许多动物过独居生活，可以凭一己之力解决生活问题。虽然一些动物也总是成群结队出现，以群居方式补偿其弱点，但比起这些动物来说，人类更需要各方面的深入合作。儿童非常脆弱，需要受到多年的照顾和保护。出生时，每个人都很柔弱。不合作，人类只会受制于环境。鉴于这两个原因，我们便不难理解为什么不习惯合作的人会越来越悲观、固着于自卑情结了。同样，我们也知道，就算是最具合作精神的人也会麻烦不断。没有人可

---

① 性心理障碍，指满足性欲的行为方式或性质对象明显偏离正常，包括性身份障碍、性偏好障碍及性指向障碍。

以实现终极优越目标，完全控制他所处的环境。人生短暂，生命脆弱，解决三类人生问题的方法始终有待改进。我们总是可以找到新的方法，绝不要满足于既得成就。无论如何，我们都要继续努力下去。懂得合作、努力才有希望，才有成效，才能真正改善我们大家的处境。

　　我想，每个人都想一劳永逸地实现终极目标。请想象一下，一个人，或者人类，已经再无困扰，这样的生活会多么枯燥乏味啊！一切都可以预见，一切都事先计算好，明天没有意外之喜降临，未来也没有什么可期待的。生活的乐趣主要来自不确定性，如果什么都确定，什么都知道，不再有讨论与发现了，科学也就走到了尽头。艺术与宗教可以怡情，正是因为我们还有尚未实现的目标，还可以去想象。如果世界确定下来，连它们也索然无味了！人生细水长流，实在是我们的幸事。人类奋斗不息，总能发现新问题、制造新麻烦、创造新机会。神经症患者从一开始就存在障碍，他的解决方式仍然保持在一个较低的水平，因此，他的困难也相应较大。正常个体将自身放在脑后，更在意怎样完善解决方案。他们能提出新问题，找到新方案。他们不会拖后腿、成为他人的累赘，也不需要或请求大家对他们给予特殊照顾。相反，他们充满勇气，懂得独立地解决自己的问题。他们的贡献就在于此。

　　对每个个体而言，优越目标都不尽相同，具有独一无二性。它取决于个体赋予人生的意义，而且这种意义不能言传。它建立在个体的人生格调之上，又如自创的奇妙旋律，贯穿人生格调始终。目标隐藏其中，我们无法明确阐述，必须从个体含糊的表现中猜测。了解人生格调就像体会一首诗：诗由文字来呈现，但它的意义又超越了文字，大部分意义都靠推断，我们必须体会其言外之意。个体的人生格调也是如此，它们是最深奥、最复杂的作品。心理学家必须学会领悟言外之意。领会人生意义是一门艺术，需要不断学习。

人生意义在生命的最初四五年里已基本定格。人们在黑暗中摸索依靠的不是数学方法，而是不能完全理解的情感。同样，确定优越感也靠摸索和猜测。这种努力将持续一生，是动态的，具有变化性。它不是海图上锚定的坐标，也不是地理上确定的位置。没有人知道他的目标何在，也不能完整地描述它。个体或许知道自己的职业目标，但这只不过是冰山一角。就算目标具体，实现这个目标的方法也有成千上万种。我们以一个人想成为内科医生为例。成为内科医生包括许多方面。首先，个体具有成为内科专家或病理学专家的愿望；其次，他的行动中展现出他对自己以及对他人的关注。我们要看他在助人方面受过哪些训练，又存在哪些限制。他以此为目标，补偿特定的自卑感，因此，我们必须能够从其职业和表现来推断，他想补偿的是何种感觉。我们发现，由于兄弟或父母过世，许多内科医生在童年时就知道人终有一死。他们知道人类面临着死亡危险，这种不安全感深深地烙印在他们的记忆之中。于是，他们一直寻寻觅觅，试图找到一种方式让他们自己，也让他人，对抗死亡、获得安全感。也有人想当老师，而我们知道，老师之间也存在着极大的差别。如果老师的社会情感水平低下，那么他只是想通过成为老师来控制不如他的人。与弱小、没有社会阅历的人在一起，他会感到安全。但是，社会情感水平较高的老师会平等对待自己的学生，希望为人类做出贡献。不必多说，老师的能力与兴趣存在着巨大的差异，所有这些表现都反映了其目标的重要性。制定具体目标后，个体会削减或限制自己的潜能去适应这一目标，但最终目标——那个原型——还是会又推又拉，排除这些限制，找到方式表现它赋予人生的意义，表现追求优越感的终极理想。

因此，在观察每个个体的时候，我们必须透过现象看本质。个体有时会改变他实现目标的具体方式，如换工作。我们要寻找潜在的一致性，寻找人格的统一性。这种统一性扎根于所有的表现形式之中。一个不规则的三角形，似乎会根据摆放角度发生变化，但细细一看，我们会发现，它还是原来那个三角形。同样，原型也是如此：其内容的表现形式绝不是单一的，具有多样性。我们不能告诉人们什么是满足优越感的不二法宝，因为获得优越感的方式很是多变。当然，健康的正常个体更容易在受阻时找到新出路。相反，神经症患者会固着于目标的具体表现形式，说："我只有这个目标！我就认定这个了，别的都不行！"

我们不应轻易勾勒获取优越感的具体方式，但是，我们发现，所有人的目标中都有一个共同因素，那就是努力成为神一样的人。对此，儿童的表达方式更直接，他们会说："我想成为上帝。"许多哲学家也都这样想。教育家们也想把儿童训练和教育得像上帝一样。古老的宗教戒律中记载着这样的目标：门徒应当努力修行，变得和神一样。"超人"也是这种理想的含蓄体现。尼采①发疯时，给斯特林堡②写过一封信，署名就是"钉在十字架上的耶稣"。在通常情况下，疯子不会掩饰自己对优越感的追求，他们声称"我是拿破仑"，或者"我是中国皇帝"。他们希望成为举世瞩目的焦点，四方来朝；他们认为自己可以接收世界各地的无线信号，听到所有对话；他们渴望预测未来，掌握超自然力量。有些目标，如想要无所不知、渴望拥有无上的智慧或长生不老，虽然看起来合理一些，但表现的也是"成为神"的目标。无论是渴望长生不老，想不断转世投胎，还是预见在另一个世界获得永生，都是希望像上帝一样。在宗教教义中，上帝可以永生，他超越了时间，是永恒的。在这里，我并不想讨论这些观点是错是对。它们都是对人生的诠释，是意义。从某种程度上说，我们都很难超脱这种意义——变成上帝，像神一样。就算是无神论者，也希望战胜上帝，比神更崇高。这种优越目标可谓特别强烈。

一旦优越目标变得具体，人生格调就会毫无偏差地呈现出来。个体的习惯和症候，都旨在实现其具体目标，它们无可非

---

① 1844—1900，德国哲学家，诗人，西方现代哲学开创者。

② 1849—1912，瑞典作家，瑞典现代文学奠基人。

议。问题儿童、神经症患者、酒鬼、罪犯或性变态，都在以自己认为正确的方式获得优越感。单凭自身的力量无法战胜这些症状，因为这些症状完全吻合他们的目标。在学校里，老师问班上最懒的孩子："你的成绩为什么这么差？"他回答道："我懒是为了你盯紧我。你从不关心那些好孩子，他们不会在课堂上捣乱，成绩也好。"你看，这就是他的目标：吸引注意，控制老师。他已经找到了最佳方式。想让他不偷懒是无用的，这是他实现目标的手段。就此目标而论，他完全正确。改正行为才是傻子呢！

另一个男孩，很听家里人的话，但有些傻里傻气。他在学校很木讷，在家里也表现得不机灵。他有一个大他两岁的哥哥，很聪明、活泼，但总因为自己的冒失陷入麻烦。一天，人们无意中听到他与哥哥的对话。他说："我宁可笨一点，也不愿像你一样冒失。"他的笨拙充满了智慧，是他逃离麻烦的手段。因为他笨，大家不会对他提要求，就算犯了错，他也不会受到责备。为了实现目标，他做出傻乎乎的样子，但其实他并不蠢。

直到今天，人们仍然用常规疗法治疗病人，但个体心理学反对惯常的药物治疗和教育方式。如果小孩算术不好或在学校表现得不如人意，关注事情本身并不能让他在这些方面取得进步。他或许是想给老师制造麻烦，或许是不愿去学校，想让学校开除他。这个具体问题解决了，他还有新办法达到目的，这与成年神经症患者并无二质。以偏头痛患者为例，头痛对他来说很有用，总会在他需要的时候适时发作。头痛是他逃避社会问题的借口，当他需要结交新朋友或做决定时，头痛就会如期而至。头痛还可以助他打压同事，欺负妻子和家人。这种手段很是好用，其效果也已得到验证，我们难道还指望他就此收手吗？他的痛苦，就他看来，不过是明智的投资，他能从中获得预期的收益。如果把这种症状产生的原因解释给他听，他一定会大惊失色，吓得不敢再发病了。这一点，倒是和用电击和假手术治疗战争神经症①患者有异曲同工之妙。药物治疗或许可以起到缓解作用，他们选择的某种症状很难再持续下去。但是，他的目标并没有改变，一种症状消失了，又会有另一种症状出现。头痛"治愈"了，他又会开始失眠，新鲜花样可谓层出不穷。目标没变，他岂会停止追逐！有些神经症患者可以用新症状代替旧症状，速度惊人，毫不犹豫。他们是艺术大师，定期切换神经症的呈现方式。他们阅读心理治疗书籍，了解更多神经性问题，只待日后有机会一试。因此，我们要关注的是症状背后的目的，以及这一目的与总体目标的一致性。

　　假设有一天，我叫人拿一把梯子到教室来。我顺着梯子爬上去，站在黑板上方。见到我这个样子，大家一定会想："阿德勒博士疯了！"他们不知道这把梯子的用处，也不了解我为什么要爬上去，待在那个令人尴尬的地方。如果他们知道，站得高能

---

① 与战争环境相关的因素导致的神经症症状，占战争精神障碍的20%—80%，主要症状有癔症、焦虑症、强迫症等。

够消除我低人一等的感觉，居高临下地打量整个教室让我觉得安全，他们一定不会再觉得我是疯子。这个方式极好，我用它实现了自己的具体目标。使用梯子合情合理，我爬上去这一行为也经过周密计划，出色地实施了。我并没有发疯，但我对优越感的诠释却造成我举止失常。只有意识到我选错了具体目标，我的行为才会发生改变。如果目标不变，拿走梯子，搬走椅子，那么我也会又跳又爬，使用肌肉力量爬上去。每个神经症患者都如出一辙，他们选择的意义并没有错。需要改变的是他们的具体目标。目标改变，心理习惯和态度也会发生相应的变化。旧习惯和态度不再满足需要，适合新目标的新习惯和态度，会取而代之。

让我们看看下面的例子。我有一名女性来访者，三十岁，焦虑，不能与人交朋友。她的工作问题一直得不到解决，依靠家人生活，是家里的负累。她打过一些散工，速记员或秘书之类，但都惨淡收场。每一次，老板都向她示爱。她吓坏了，不得不逃离公司，再也不愿回去。有一次，她又找到一份工作，这家公司的老板对她倒没什么兴趣。这一次，她又觉得没人爱很丢脸，最终还是辞职了。她接受过多年心理治疗（有八年的时间），但她的社交能力并没有得到改善，她也仍然不能自食其力。

在和她见面后，我开始追溯她童年早期的人生格调。如果不了解一个人的小时候，我们也就无从理解他长大后的样子。她是家中幼女，非常漂亮，也很受宠。小时候，她家里的经济状况相当不错，想要什么就有什么。听到她这番描述，我说："你过的可是公主般的日子啊！"

"真奇怪，"她回答道："过去大家都叫我公主！"

我又问及她的早期记忆。她说："四岁那年，有一天我出门，看到一群小孩在做游戏。他们不时跳起来，大叫'巫婆来了'。我害怕极了。回家以后，我问家里一位老婆婆，'世界上真有巫婆吗？'。她说'有呀！世上有巫婆，有小偷，有强盗，他们都会来抓你'！"

由此，我们可以看出，她害怕一个人留在房子里。她的恐惧表现在整个人生格调中。她觉得自己很脆弱，无法离开家，家里人必须养活她，好好照顾她。

她还提到另一个早期记忆："我有一名男钢琴老师，有一天他想亲我。我赶紧丢开手中的琴，跑去告诉了母亲。从那之后，我再也不想弹琴了。"

从这段描述中，我们可以看到，她想与男人保持距离。她的性发展目标在于让自己远离爱情，她觉得恋爱代表着软弱。在这里，我必须要说的是，许多人都认为恋爱让人软弱。从某种程度上说，这种想法是正确的。恋爱中的人更柔软，关心另一个人可能会带来烦恼。为了保持优越感，个体认为"绝不可以软弱，绝不能敞开自己的心扉"。以此为目标，他们就会回避爱情，不愿相互依赖。在爱情面前，他们会不知所措，希望自己逃远一点。在通常情况下，一旦面临坠入爱河的风险，他们就会变得不正经。他们"打哈哈"，开玩笑，取笑让自己感到危险的人，希望借此消除自己的软弱感。

这个女孩就是如此。在爱情和婚姻面前，她感到脆弱，因此，工作中遇到的男人向她求爱时，她的反应异常强烈。逃跑是她唯一的办法。她的问题一直没有得到解决。后来，她父母都过世了，也没人再追求她，她只好找亲戚来照顾自己。然而，她的处境并不如意。不久，亲戚们也开始厌倦她。她需要大家全心关注她，可他们不愿再这样下去。她指责他们，告诉他们如果抛下她，她就会发生危险。如此一来，大家倒没办法让她自谋生路了。我深信，如果家里人不再为她操心，她一定会疯掉。她实现优越目标的唯一办法是迫使家人支持她，不让她为任何事操心。她心里想的是："我不属于这个星球。我来自另一个星球，我是那儿的公主。在这个可怜的地球上，没人能真正理解我，了解我的重要性。"她已经濒临精神错乱，幸运的是，她还有一点微薄的收入，还能得到亲戚或世交的照顾，因此不至于真的走到那一步。

我们再来看看另一个案例，在这里，自卑情结和优越情结都一览无余。我们的来访者是一名十六岁的女孩。她从六七岁就开始偷东西，十二岁起夜不归宿，与男孩鬼混。在她两岁那年，父母离了婚，过程很是曲折与煎熬。她由母亲抚养，住在外祖母家。外祖母溺爱孩子是常事，她的外祖母也很娇惯她。出生时，她父母的关系已很糟糕，所以母亲并不欢迎她的到来。她从来没有喜欢过自己的女儿，母女关系一直很紧张。

我很友好地与她交谈。她告诉我说："我并不喜欢偷东西，也不喜欢与男孩子鬼混，但我必须让我妈知道，她拿我没办法！"

"你是为了报复吗？"我问。

"我想是吧。"她回答道。

她想证明自己比母亲强，而她这样做的原因恰好是因为太弱小。她觉得妈妈不爱她，自卑情结挥之不去，制造麻烦是唯一可以维护其自尊的办法。儿童盗窃等不良行为通常都是为了报复。

下面的案例涉及一名十五岁的女孩。失踪八天后，人们在少年法庭上再次见到她。她说自己被一名男子绑架了，八天以来，她一直被捆起来锁在一个房间里。当然，没有人相信她这番话。医生悄悄要她说出事实的真相，她因此很生气，还打了他一巴掌。

后来，我去见她，与她交谈。我问她想成为什么样的人，让她觉得我只是在关心她，关心她的命运，真心诚意地想要帮助她。我让她给我讲讲她做过的梦，她哈哈大笑，给我讲了下面的梦。

"我在一家非法酒吧里。离开时，我在门口遇到我妈。我爸也跟着来了，但我不想被他发现，叫妈妈把我藏起来。"

她很害怕父亲，与他针锋相对。他过去常常惩罚她，因为害怕受罚，她只能说谎。提到孩子说谎，我们应该想到父母通常很严厉。只有觉得说真话危险，孩子才会说谎。另一方面，我们可以看到，这个女孩与母亲之间有一些合作。后来，她终于告诉我，有人引诱她去了非法酒吧，那八天她都是在那里度过的。她害怕父亲，所以不敢说实话。与此同时，她的口供表达出她渴望战胜父亲。她觉得自己受制于父亲，伤害他会让她觉得自己是胜利者。

　　错误地选择获得优越感的方式的人很多，但得到帮助的人又有多少呢？每个人都想获得优越感，认识到这一点，事情就简单多了。我们会设身处地，用同情的眼光看待他们的努力。他们是犯了错，但他们的错误只是错费了心机，做了无用功。努力获得优越感是人类进行创造的动力，是文明之源。所有人都沿着这条伟大的路线前进——自下而上，由负到正，历经失败获得成功。然而，只有那些心怀他人、愿意造福他人的个体，才能真正地面对和战胜人生中的问题。我们发现，只要能正确与人相处，他们其实并不难说服。人类对价值和成功的判断，归根到底，都建立在合作之上。合作是伟大的，每个人都会。我们要求，人类的行为、理想、目标、行动、性格特质，都要为合作所用。每个人都希望融入社会，这是一个公开的秘密，哪怕神经症患者和罪犯也不例外。他们费尽心思为自己的人生格调辩护，把责任推给别人就是证明。但是，他们缺乏勇气，无法发挥人生的积极作用。自卑情结总在他们耳边低语："你不可能顺利合作。"于是，他们看不到人生中的真正问题，只忙着与阴影作战，妄图从中获得力量感。

人类进行劳动分工，每个具体目标也能实现。也许，每种目标都或多或少地存在错误，我们总能找到可挑剔之处。但是，每种类型的人都有其作用。有些儿童在数学方面有优势，有些儿童具有艺术天赋，也有儿童身强体壮。比如，有消化问题的儿童会特别在意营养问题，会关注食物，通过这种方式改善自己的情况。这样一来，他很可能会成为烹饪高手或营养学教授。我们看到，在这些特定目标中，除了获得补偿，也有排除可能性或超越自身局限的目标。比如，哲学家需要时不时放逐自己，远离社会去思考和写作，但是，只要这个优越目标附着了一定程度的社会情感，它就不会有大错。我们的合作需要各类人才参与进来。

第四章

早期记忆

获得优越感是塑造整体人格的关键，也是我们在个体每个心理阶段都会遇到的现象。认识这一事实，在两方面有助于我们理解个体的人生格调。首先，我们可以任意选择起始点。每一种表现形式都指向同样的方向，向着相同的动机、相同的旋律。人格的建立都围绕着这一旋律进行。其次，我们可以得到大量材料。每一句话、每个想法、每样感觉、每种姿势，都可用于我们的理解。我们不再以偏概全，看到某种表现形式就草率下结论，因为这里有数以千计的表现形式来检验并纠正这种错误。只有将部分置于整体中，我们才能最终确定某种表现形式的意义。每种表现形式都指向同一件事，每种表现形式都在敦促我们找到解决方法。我们就像考古学家，挖掘陶器碎片，寻找工具，研究断垣残壁、断裂的墓碑，研读遗留的古文稿，并从这些零散的资料着手，重塑这座被毁城市的原貌。不同的是，我们在这里处理的并非某种消亡的东西，而是人类的内在组织形式，鲜活的人格。它不断将表达自身意义的新内容呈现于我们面前。

　　要了解一个人并非易事。个体心理学可以说是心理学流派中最难掌握、最难实践的分支。我们必须抱着怀疑的态度时刻留意整体性，直到关键点一目了然。我们必须从微小的迹象中发现线索，观察一个人怎样进房间，怎样和我们打招呼、握手，又是怎样微笑，怎样走路。我们可能被某一点误导，走入歧途，但会被其他点引导，或纠正我们的错误，或确认我们的判断。治疗本身既是对合作能力的练习，也是对合作能力的测试。真正对他人感兴趣是我们治疗成功的前提。我们必须用来访者的眼睛看问题，用来访者的耳朵倾听，而他则必须配合，达成相互理解。我们必须弄清他的态度，了解他的麻烦。只有咨访双方达成共识，我们才能客观地了解他的情况。不站在对方的角度考虑，难以得出全部真相，这表明我们的理解还远远不够。其他流派提出"正移情和负移情"①这一概念，正是因为错误地理解了这一点。自然，运用个体心理学进行治疗时不会出现正移情和负移情这种说法。面对一个娇生惯养的病人，通过纵容手段虽比较容易得到他的情感，但他的控制欲仍暗潮汹涌。忽略他、怠慢他，则很容易激发他的敌意，导致治疗中断。就算治疗继续下去，他也只是想自圆其说，让我们后悔。由此可见，纵容或轻视显然都行不通。因此，我们必须通过咨询师与来访者之间的关系向他展示一个人对另一个人的兴趣。这种兴趣真实地指向他。我们必须与他合作、找出他的错误，这既是为了他，也是为了其他人。有了这个目

---

① 移情是精神分析中的重要理论，指在精神分析过程中，来访者将自己对过去生活中重要人物的情感投注在咨询师身上。根据情感的性质，分为正移情和负移情。

标，我们便不会冒险引发"移情"，也不会冒充权威，或将他置于依赖和不负责任的位置。

　　个体的记忆是极具启发性的心理表现形式。记忆是一种提醒，带有个体自身的局限，也表现着情景的意义。个体遇到的事不计其数，某些事作为记忆被保存下来"绝非偶然"：虽然这种感觉模模糊糊，并不清晰，但个体能感觉到有些事会影响他。这些事会作为记忆被保存下来。因此，个体的记忆代表着他的"人生故事"。这个故事，化作过往经验，不断在脑海中重演，给他警示，给他安慰，让他将注意力集中在自己的目标上，用久经考验的行动模式来面对未来。记忆影响情绪的事在日常行为中很常见。一个因失败而气馁的人总会回想起以前失败的事例。如果个体很忧伤，他的所有记忆也是忧伤的。如果个体兴高采烈、充满勇气，个体选择的记忆就会完全不同。他会想起高兴的事，而这些事也会让他更乐观。如果觉得自己遇上麻烦，他也会唤起产生相应情绪的记忆。因此，记忆与梦的作用大致相同。在需要做出决定时，许多人都会梦到顺利通过考试。他们把做决定看作一次测试，试图重现成功时的心境。它们能引起个体的情绪变化，也能用于建构和平衡多种情绪。只要想起美好瞬间，记起获得的成功，忧郁者就不会一直忧郁下去。他之所以忧郁，就是因为他总对自己说"我的人生充满了不幸"，只看到那些被他诠释为不幸宿命的事例。记忆不会背离人生格调。遵照优越感目标，一个人在需要觉得"其他人总是羞辱我"的时候，他就会选择记住那些他认为在羞辱他的事。只有改变人生格调，他的记忆才会改变，他才会记住不同的事，或重新诠释他记住的事件。

早期记忆具有十分重大的意义。首先，它们展示了人生格调的最初模样和最简单的表现形式。我们可以借此判断这个儿童是娇生惯养还是受人忽视，合作能力又如何；判断他喜欢与谁合作，他面临哪些问题以及他解决这些问题的方式。如果记得自己有视力问题，这个儿童身上就会留下视觉性影响的烙印。他可能会说"记忆中，我朝四周张望"，也可能会描述颜色和形状。行动不便的儿童，因为想要正常行走、正常奔跑或跳跃，他们在记忆中总会表现出此类兴趣。童年就记住的事件，必定接近个体的主要兴趣。了解了他的主要兴趣，我们也就知道了他的目标、他的人生格调。正因为如此，早期记忆在就业指导中非常重要。此外，我们还可以从中看到孩子与父母以及其他家庭成员的关系。相对而言，记忆是否准确并不那么重要。它们最大的价值在于呈现个体的判断："小时候，我是这样一个人……"，或者"小时候，我看到这个世界是这样的……"。

个体开始自己的故事的方式，即他能够回忆起的最早事件，极具启发性。最初记忆展示出个体对人生的基本看法，展示了令他满意的最初固化态度。我们可以借此机会一窥个体发展的起点。在探究个体人格时，我一定会问及他们的最初记忆。有时候，他们无以作答，也不能说出首先浮现在脑海中的事件。但是，这种情况本身就很能说明问题。我们可以看到，他们不愿讨论根本意义，还没有准备好进行合作。当然，大多数人都非常愿意探讨他们的最初记忆。他们认为这些都是简单的事实，并没有意识到它们背后的潜在意义。几乎没人知道最初记忆的作用，因此，大多数人可以借由最初记忆，以一种完全中立又不让人难堪的方式，道出他们的人生目的、他们与他人的关系以及他们对环境的态度。最初记忆还有一个很有趣的地方，那就是它们很简练，是浓缩过的精华，我们可以从中得出大量结论。我们可以叫全班学生写下自己的最初记忆。只要正确诠释它们，我们就可以了解每个孩子的情况。

为了便于说明，我将在下文中描述并诠释几段最初记忆。除了他们所描述的记忆，我对这些个体的情况一无所知——连他们是成人还是儿童都不清楚。我们从这些最初记忆中发现的意义，需要得到其他人格表现的验证，但是，这并不阻碍我们用它们来训练和提高自己的推断能力。我们应该能够判断真假，能够比较各段记忆，特别是应当能够借此看出：个体是否具有合作能力，是否勇敢；他是希望受到帮助照顾，还是希望依靠自己；是乐意付出，还是只愿索取。

1．"我的妹妹……"

留意周围哪个人出现在最初记忆中非常重要。如果出现的是妹妹，我们可以肯定，个体受她影响很大。妹妹会给另一个孩子的成长蒙上阴影。在通常情况下，我们发现，两者之间存在着竞争关系，两人就像在比赛。可以理解，这种竞争会给成长带来额外麻烦。因为忙于竞争，儿童无法把兴趣延伸到他人身上，也不能与朋友进行合作。因此，虽然这个最初记忆中有妹妹，但我们不能草率下结论，认为这两个孩子关系不错。

"我的妹妹和我是家里年龄最小的孩子。家人不让我先去学校，非要等到她（年纪小的）到了年龄一起去。"

如此看来，竞争关系再明显不过了。妹妹是"我"的绊脚石！她年纪比"我"小，"我"不得不等她。她阻碍了"我"的发展！如果这段记忆的意义果真如此，我们可以推测出这个人的想法："人生最大的危险是受人限制，自由发展受阻。"说这番话的可能是女孩，也可能是男孩，但女孩的可能性更大一些，男孩似乎不太可能被不到入学年龄的妹妹绊住。

"因此，我们同一天入学。"

的确，这种教育方式对这个女孩不利，她可能会因此认为年龄大是一个劣势。我们看到，这个女孩正是这样诠释这种情况的。她觉得自己因妹妹受到了忽视，指责别人忽略她，而这个人很可能就是她母亲。我们不应惊讶她可能更偏爱父亲，想让自己成为父亲最喜欢的孩子。

"我记得很清楚，妈妈告诉大家，那天下午她觉得很孤独。她说：'那天下午，我好几次跑到门口去找孩子们。我觉得她们不会回来了！'"

这是对母亲的描述，显示出她的行为不理智。这是女儿对母亲的印象，"认为我们不会回来了"。母亲情感流露，女儿们也知道她的感情，但与此同时，她很焦虑，很紧张。在进一步的谈话中，这个女孩提到妈妈更偏爱妹妹。我们对此并不吃惊，幼女通常更受宠。通观这段最初记忆，我可以推断，姐姐与妹妹是竞争关系，她感到自己受到了牵制。日后，她身上一定会表现出嫉妒和害怕竞争的迹象。毫无疑问，她不喜欢比自己年纪小的女性。正因为这个原因，有些人总感觉自己很老，也有许多女人善妒，总在比自己年轻的同性面前感到自卑。

2. 一个女孩描述道："我最早的记忆是关于祖父的葬礼，那时候，我才三岁。"

死亡深深地印入了她的脑海。这意味着什么呢？她见证了死亡，认为死亡是人生中最大的威胁、最危险的事。她记起童年发生的事，得出"祖父会死"的结论。我们也许会发现，祖父很疼爱她，总是宠着她。祖父母总是溺爱孙辈，因为他们的责任比父母少，也总希望孩子黏着自己，显示他们仍然可以得到别人的爱。在我们的文化中，老年人不太容易确保自身价值，所以有时候，他们希望通过一些简单手段获得确认，比如发牢骚。在这里，我们可以推断，她之所以牢牢记住祖父，是因为祖父从小便溺爱她。祖父的死对她简直就是晴天霹雳，她失去了关注自己的人，失去了盟友。

"祖父躺在棺材里的样子还历历在目，他一动不动，脸色苍白。"

我认为让一个三岁的孩子靠近死人实在不妥。至少，我们得让她此前有充分的心理准备。不少孩子都告诉过我，永远不会忘记看到死人的情景。这个女孩也是如此。这种孩子会努力克服死亡威胁，立志成为医生。他们觉得医生受过专业训练，能够更好地对抗死亡。在问及许多医生的最初记忆时，他们常常都会提到死亡。"躺在棺材里，一动不动，脸色苍白。"多么栩栩如生的记忆呀！也许，这个女孩属于视觉型的人，喜欢观察世界。

"后来，我们去了墓地，人们把棺材放进土里。我记得绳子从粗糙的棺材底部拉出来的情景。"

她又在讲述她看到的内容。我们可以确认，她就是视觉型的人。

"这之后，只要提到亲戚、朋友或熟人去了另一个世界，我就吓得发抖。"

我们再一次看到了死亡对她产生的巨大影响。如果有机会与她交谈，我一定会问到她以后的职业计划。她的回答很可能就是"一名医生"。如果她不回答或回避这个问题，我会反问她："难道你不想做医生或护士吗？"当她提及"另一个世界"时，我们可以看到对死亡恐惧的补偿。通观其记忆，我们可以推断，（1）祖父很宠爱她；（2）她是视觉型的人；（3）死亡深深地印刻在她脑中。因此，她从人生中得到的意义是"每个人都难逃一死"。这当然是事实，但并非每个人都对死亡有如此大的兴趣。可以吸引我们注意力的并非只有死亡。

3. "三岁时，我父亲……"

话一开头，她就提到了父亲。我们由此可以猜测，这个女孩对父亲的兴趣超过了母亲。孩子对父亲产生兴趣是发展的第二阶段。最初，孩子都对母亲更感兴趣，因为在生命最初的一两年里，他们与母亲的合作尤为紧密。孩子需要母亲，依恋她。孩子的一切心理努力都与母亲密不可分。孩子转而求助父亲，代表着母亲的失败，孩子并不满意自己的处境。这通常源于弟弟妹妹的出生。想要确认我们的猜测，我们可以询问她有没有弟弟或妹妹。

"……我父亲为我们买了两匹小马。"

这就说明他们家不止一个孩子，我们很想听听另一个孩子的情况。

"他牵着笼头，把小马带回家。我的姐姐，比我大三岁……"

我们的猜测有需要修正的地方。我们本以为这个女孩是姐姐，但事实上她是妹妹。母亲也许更喜欢姐姐，因为这个原因她才提到父亲和两匹马。

"姐姐拉住缰绳，骑着她的小马得意扬扬地走了。"这是姐姐的胜利。"我的小马急忙追上去，它跑得好快。"这是姐姐领先的结果。"我一个狗吃屎，摔倒在泥地上。我一直盼望有一匹马，却不想如此收场，真是太丢脸了！"姐姐得胜，计一分！我们可以肯定，这个女孩想表达的是："如果我不小心点，姐姐会一直在我前头。我总是输，总是深陷泥泞，获得安全感的唯一方式是成为第一。"同样，我们看到，姐姐很讨母亲欢心，这也成为妹妹转向父亲的原因。

"长大之后,我超越了姐姐,成为女骑手,但失望并没有因此而减少。"

话到这里,我们的猜测都得到了证实。两姐妹之间存在着激烈的竞争关系。妹妹觉得:"我总是落后,我必须努力走在前面,必须超越姐姐。"之前,我们也描述过这种情况。这种情况对于家中次子(女)或幼子(女)来说极为普遍。总有人在他们前面,他们也总想着超越前面的人。这个女孩的记忆强化了她的态度。记忆告诉她说:"有人在我前面,我很危险!我必须永远争做第一!"

4."我最早记得的事,是大姐带我去舞会,带我参加各种社交活动。我出生时,她已经快满十八岁了。"

这名女孩把自己看作社会的一分子,这段记忆中呈现出较高层次的合作。大她十八岁的姐姐扮演着母亲的角色。姐姐是家里最宠爱她的人,似乎又把妹妹的兴趣延伸到了他人身上,方式也极其聪明。

"我有五个兄弟姐妹。我出生之前,姐姐是家里唯一的女孩子。她当然很乐意拿我到处炫耀。"

从这番话听来,情况并非我们想的那样乐观。如果一个孩子被拿去"炫耀",他感兴趣的可能是"受赞赏",而不是奉献。

"小时候,她带着我出入各种场合。我记得她总要我在聚会上说话。她会说'快告诉这位女士你叫什么名字',诸如此类。"

这是一种错误的教育方式，因此，我们不应惊讶这个女孩患有口吃，有语言功能障碍。儿童患有口吃的毛病，大多因为对讲话兴趣过大，不能放松地享受交谈。讲话让他们感到不自然，他们渴望从中得到别人的赞赏。

"一遇到那样的情况，我总说不出话来。每次回家后，姐姐都会责骂我。我开始讨厌出门，讨厌与人见面。"

我们的解释需要修正。可以看出，她的最初记忆背后隐藏着这样的意义："我被带去见人，可我并不觉得这是件让人开心的事。因为这些经历，我开始讨厌合作。"因此，我们可以预料，她现在仍然不喜欢与人见面。与人一起时，她很尴尬，也不自然。她必须出类拔萃，但这个要求压得她喘不过气来。她不知如何放松，也不知怎样与同伴平等相处。

5. "我特别忘不了小时候的一件事。四岁时，曾祖母来看我们。"

我们知道，祖母通常很宠孩子，但曾祖母如何，我们还不得而知。

"在这期间，我们照了一张相，四世同堂。"

这个女孩对家族关系十分感兴趣，因为她清楚地记得曾祖母来看他们，还照了相。我们可以得出结论，她的家族联系颇为紧密。如果此推断无误，我们会发现，她的合作被限制在家庭范围内。

　　"我清楚地记得，我们开车去了另一个镇上。我在照相馆里换了一件带刺绣的白色衣服。"这说明这个女孩或许为视觉型的人。

　　"在大合照之前，我和弟弟先照了一张。"

　　在这里，我们再一次看到她对家庭的兴趣。弟弟是家中的一分子，我们也许该多听听他们之间的故事。

　　"大家把他放在我旁边的椅子扶手上，还拿了一个鲜红色的皮球给他。"她又提到自己的所见："我站在椅子旁边，可他们什么也没有给我。"现在，这个女孩最在意的事突显出来。她告诉自己，弟弟更受宠。我们可以猜测，她并不乐意弟弟出生，因为他取代了自己的幼女位置，成为最受宠的孩子。

　　"他们叫我们微笑。"她说，"也试着让我笑，但我不知道为什么要笑。他们把弟弟放在宝座上，还给了他一个鲜红色的球。但他们什么也没有给我！"

　　"终于轮到大合照了。每个人都尽力表现出自己最好的样子。我没有！我不想笑！"

　　她挑衅家人，因为家人对她不够好。在这段最初记忆中，她想要告诉我们家人是怎样对待她的。

　　"他们让弟弟笑，他就开心地笑，他可真乖巧！直到现在，我都很讨厌照相。"

　　这些记忆就像一面镜子，让我们看到大多数人应对生活的方式。人们抽取过去发生的事，用它来证明行为的合理性，并从中得出结果，好像这些结果是显而易见的事实。显然，她在照相时并不愉快，就算现在也很不喜欢照相。我们发现，人们一定会为自己不喜欢做某事找一个理由，证明其合理性。我们可以从这段最初记忆中找出两条主要线索，了解这个女孩的人格。第一，她是视觉型的人；第二，也是更重要的一点，她与家人关系紧密。最初记忆中的整个事件都发生在家庭中，她或许不太能够适应社会生活。

6. "我不肯定这是不是我最早的记忆，但我记得大约三岁半时发生的一件事。家里的一个女佣带我和表哥去地窖，还让我们尝了苹果酒。我们很喜欢苹果酒的味道。"

这一经历很有趣，里面提到地窖，还有苹果酒。这是一次探索之旅。如果非得就此下结论，我们倒也可以猜出一二。也许，这个女孩喜欢面对新情况，她对生活的态度也很勇敢。从另一方面说，她也许想表达世上存在着心意坚定的人，这种人会引诱我们，将我们带入歧途。结论究竟如何，我们还需要看看她接下来的描述。

"过了一会儿，我们想再尝尝，就自己拿来喝了。"这是一名勇敢的女孩。她想成为独立的人。

"这时，我的腿开始不听使唤。苹果酒全洒在了地上，地窖也湿了。"这里，我们看到了一名禁酒主义者的出现。

"我不知道自己是不是因为这件事才不喜欢苹果酒或其他酒精饮料的。"

一件小事再次成为人生态度的说辞。只要运用常识想一想，我们就会发现，这件小事并不足以带来这样的结果。然而，这个女孩却认为这个理由足以解释自己为什么不喜欢酒精饮料。我们看到，她是一个善于总结经验教训的人。她也许真的很独立，希望从错误中吸取教训。这一特质可能贯穿她的整个人生。她会告诉自己说："我也会犯错，但只要意识到这一点，我就会改正。"这样一来，她会成为一个很好的人：主动，勇敢地朝着目标努力，善于改善不利条件，寻找最好的生活方式。

上述记忆旨在训练我们的推断技巧，当然，在确认结论之前，我们还需要综合其他表现形式。现在，我将列举一些实际案例。人格及其表现形式的一致性在这些案例中尽显无遗。

案例一：来访者是一名男性，三十五岁，患有焦虑症，但他的焦虑症状只在离家时才发作。迫于生计，他有时需要外出工作，但只要一进办公室，他就开始呻吟、哭泣。在晚上回到家、与母亲待在一起时，他的这些症状又消失了。提到最初记忆，他说道："四岁时，我在家里，靠窗坐着，饶有兴致地看着在街上工作的人。"他想看其他人工作，他只想坐在窗边看着别人。要改变他的症状，我们必须让他摆脱无法在工作中与人合作的想法。到目前为止，他认为得到他人帮助是活下去的唯一方式。我们必须扭转他的整个看法，指责他无济于事，当然也不能过度使用药物和激素。我们可以借助其最初记忆给出建议，找到他感兴趣的工作。他主要的兴趣在于观看。他们发现他患有近视，也因为这一缺陷，他更关注看得见的东西。面对职业问题时，他不想做，只想一直看，但看与工作并不矛盾。后来，他痊愈了，也找到一份吻合自己主要兴趣的工作。他开了一家美术店，以这种方式参与到劳动分工之中，贡献着自己的力量。

案例二：男性，三十二岁，患有癔症性失语症，只能小声说话。他的症状开始于两年前。一天，他踩到香蕉皮，撞在出租车的车窗上。他呕吐了两天，随后开始偏头痛，这无疑是脑震荡。但是，他的嗓子并没有发生器质性病变，因此，脑震荡不能用来解释他的失语。整整八周，他完全不能说话。他认为出租车司机应该负全责，并起诉出租车公司要求赔偿。事故案件已经移交法庭，现在仍没有结案。我们可以看到，身体出现问题对诉讼有利。我们不能说他骗人，但他的确找不到大声说话的理由。也许，他说话的确存在问题，毕竟，他在事故中也受了惊吓。

这个病人去找过喉科专家，但专家认为他的喉咙没有问题。在问及他的最初记忆时，他告诉我们："我平躺在摇篮里面，看到摇篮的挂钩松了。摇篮掉了下来，我也受了重伤。"没人喜欢掉下来，但这个人过分强调掉下来的问题。他十分关注掉下来的危险，这是他的主要兴趣。

"我掉下来时，门开了，妈妈惊慌失措地跑进来。"这一摔，倒是得到了母亲的关注。但是，这个记忆是对她的指责，"她没有好好地照顾我"。同样，出租车司机，还有出租车公司，也犯下了相同的错误，他们都没有好好地照顾他。这是娇生惯养儿童的人生格调。他试图把责任都推给别人。

他的另一段记忆如出一辙。

"五岁时，我从一个高二十米的地方掉下来，有五六分钟都不能说话。"说到失语，这个人已经驾轻就熟。他练就了这样的本事。掉落成为他拒绝说话的借口。我们虽不认为这二者之间有什么因果关系，但他似乎不这样想。这是他的经验之谈，只要一摔倒，他就会不自觉地失语。想要治愈他，我们必须让他认识到：摔倒和失语之间并无联系。事故已经发生两年了，他实在没有必要再压着嗓子说话。

然而，接下来的一番话，让我们知道了他为何难以理解这一点。

"妈妈出现了，"他继续说道，"她看起来好着急！"他掉下来两次，两次都把母亲吓坏了，引起了她的关注。他是一个孩子，想得到宠爱，想成为关注的焦点。我们由此可知，他希望自己的不幸得到补偿。如果发生同样的事故，其他娇生惯养的儿童也会如此，只是他们采用的方式可能不同，不一定是失语。失语是这名病人的专属方式，是他的经验之谈，是他的人生格调的表现。

案例三：男性，二十五岁，总抱怨难以找到称心如意的工作。八年前，他应父亲的要求做了经纪人，但他并不喜欢这份工作。最近，他辞职了，想找其他工作，但直到现在也没有眉目。他还抱怨睡不着觉，常常冒出自杀的念头。离开公司之后，他离家出走，到另一个镇上找了一份工作。不久，他收到家里的信，说他母亲病了。他迫于无奈回了家。

从这段描述中，我们可以比较肯定地推断，母亲十分娇惯他，而父亲却很严苛。我们也许会发现，他一直都在反抗严厉的父亲。我问他在家里排行第几，他回答说自己是最小的孩子，而且是家里唯一的男孩。他有两个姐姐，大姐总对他发号施令，二姐也差不多。父亲成天唠唠叨叨。他觉得全家人都想控制他，只有母亲是朋友。

他十四岁初中毕业，然后被父亲送去一所农业学校，因为父亲正好想买一间农场，希望他以后也在农场里帮忙。他在学校里过得不错，但他不想在农场工作。父亲为他在经纪公司谋了一个职位，奇怪的是，他居然一干就是八年。他说，他这样做完全是为了母亲。

小时候，他不爱整洁、胆小、怕黑，不愿意一个人待着。说到不整洁，我们必须找出那个替他收拾整理的人。说到怕黑，不愿意一个人待着，我们必须找出他想吸引谁的注意力，想要谁来安慰他。对于这个年轻人来说，这个人是他的母亲。他很难交到朋友，但和陌生人打交道并不存在困难。他从没有谈过恋爱，他对恋爱不感兴趣，也从不想结婚。他觉得父母的婚姻并不幸福。从这点上来，我们的确可以理解他为什么不愿结婚。

父亲一直给他施加压力，希望他能继续在经纪公司工作。他自己想从事广告业，但他确信家里不会为他提供资金。我们可以看到，他的一举一动都旨在对抗父亲。在经纪公司上班时，他自食其力，但他没有想过用自己赚的钱去学习广告学。他现在之所以这样想，是因为想对父亲提出新要求。

他的最初记忆明显地显示了一个娇生惯养的儿子对严厉父亲的反抗。他记得在父亲的餐厅里工作的情况。他喜欢洗盘子，挨桌收拾碗碟，但这惹怒了他的父亲，父亲竟当着客人的面给了他一耳光。他以早期经历为证据，证明父亲是敌人。他的一生都要与父亲对抗。他并不想工作，伤害父亲才会让他感到心满意足。

他想自杀这一点也很容易解释。自杀代表责备。他想表达"一切都是父亲的错"。他对工作的不满同样指向父亲。他排斥父亲的每项安排，但他又是娇生惯养之人，很难在工作中有所建树。他并不想工作，他想玩。同时，他与母亲之间保留着一些合作。但是，他与父亲的争斗如何解释他的失眠症呢？

休息不好，他第二天便无法好好工作。父亲等着他工作，但他很疲倦，无法工作。当然，他可以表达自己的感受，直截了当地说："我不想工作。我不想受逼迫。"但是，他必须顾及母亲的感受，家里的经济状况也不允许他这样做。直接拒绝工作会让家人绝望，他们也不会再养活他了。他必须找到某种借口，于是，失眠不请自来，成了他的借口。

最初，他说他从不做梦，但后来却又想起自己经常做的一个梦。他梦见有人往墙上扔球，而球总是弹开。这个梦似乎不值一提。我们能找出这个梦与他的人生格调之间的联系吗？于是，我们问他："接下来发生了什么呢？"他回答说："每次球弹回来时我就醒了。"

原来如此！失眠的整个架构已经清楚了，这个梦是唤醒他的闹钟。他觉得每个人都向前推他、催促他，强迫他去做自己不愿意做的事。他梦见有人往墙上扔球，并在这个时候醒过来，于是第二天感到疲倦，也因此无法工作。这种方式很迂回，却战胜了急切希望他好好工作的父亲。如果单从他与父亲的对抗来看，他实在是一个聪明人，可以找到这种方式。然而，他的人生格调，无论对他自己，还是对他人，都有失妥当。我们必须帮助他改变。

释梦之后，他不再做梦了，但他告诉我，夜里他还是会醒。他没有勇气继续做梦，因为他知道我已发现了这个梦的目的。但是，他仍有办法让自己在第二天醒来时疲惫不堪。我们能做些什么呢？唯一的方法是让他与父亲和解。如果他仍一门心思想着激怒父亲、打败父亲，我们无论做什么都于事无补。于是，我开始认可他的态度，认为他这样做是有理由的。这也应该成为我们治疗所有病人的起点。

"你父亲做得不对，"我说道，"他动用权威对你发号施令，这样做其实并不明智。他或许有病，需要治疗，但你有什么办法呢？你又不能改变他。这也是没办法的事！但我希望你做好防范措施，保护自己。你现在的争斗实在没什么意义，这不是实力的展现。这样做不会改善情况，还会害了你自己。"我向他展示了行为的意图。他在工作中的不确定感、自杀的想法、离家出走、失眠都指向同一个目标。我还告诉他，他想用这些方式惩罚父亲，但受害的其实是他自己。

同时，我还给了他一个建议。"今晚睡觉时，想象一下，你想不时叫醒自己，想让自己明天很累。再想象一下，明天你非常累，没有办法去上班，父亲因此大发脾气。"我想让他面对真相：他就是想激怒父亲，伤害他。如果无法阻止这种斗争，治疗难以生效。他是一个被宠坏的孩子，我们大家都知道这一点，也是时候让他自己意识到这一点了。

这种情况类似于所谓的"俄狄浦斯情结"。这个年轻人很依恋自己的母亲，又想要毁掉自己的父亲。这与性无关。他的母亲溺爱他，而父亲又全然不理解他，他才养成了错误的习惯，使他无法正确诠释自己的处境。他的问题与遗传无关，不同于野蛮人想要杀死部落领袖的本能。他根据自己的经历制造了这个麻烦。只要遇上溺爱孩子的母亲、严厉的父亲，每个孩子身上都可能表现这种态度。孩子反感父亲，又不能独立地解决自己面对的问题，于是采取这样的人生态度，这并不难理解。

第五章

梦

每个人都会做梦，但了解其含义的人却屈指可数。这种情况着实令人吃惊，毕竟，梦是人类思维的常规活动。人类一直对梦怀有兴趣，但对其意义却茫然不解。许多人都认为自己的梦有着深刻的含义：他们都觉得梦既古怪又重要。我们看到，人类很早就对梦表现出了浓厚的兴趣。然则，总的来说，人们仍不了解自己在梦中的情况，也不知道他们为什么会做梦。据我所知，世上只有两种尚可称得上全面及科学的释梦理论，一种是弗洛伊德提出的精神分析理论，另一种就是个体心理学。而在这两种学说中，完全符合常识的却只有个体心理学的解释。

　　过去，许多人都尝试过释梦，这些解释虽不科学，但仍值得注意。至少说，人们想要揭示人类如何看待自己的梦，对于梦的态度又是如何。梦是大脑的创造性活动。如果能够找出人类在梦中的期望，我们就有可能发现梦的目的。研究之前，我们发现了一个令人吃惊的事实：人们似乎都理所当然地认为梦在某种程度上承载着未来。人们常常觉得，灵魂、神祇或祖先会在梦中附他们的身，影响他们。梦境是他们遇到苦难时的指引。古代释梦书籍解释过梦对于做梦人未来运势的意义，远古人也视梦为预兆。

在古希腊和古埃及，人们会去庙宇朝拜，希望神灵降梦，启示未来的生活。这些梦被看作治疗手段，可以消除身体问题和心理问题。美洲印第安人通过洗礼、斋戒、汗浴等方式，煞费苦心地进入梦境，并根据梦的解释采取行动。在《旧约全书》中，梦被看作启示，昭示着未来要发生的事。直到今天，仍有人坚持说自己的梦在日后应验了。他们相信，梦中的自己具有神力，能洞察一切，而梦神秘莫测，可以直达未来，预示将要发生的事。

从科学的角度来看，这些观点似乎是无稽之谈。从研究梦开始，我就清楚地知道，做梦人并不能预测未来，也不能更好地控制自己的能力。在这一点上，他们并不比醒着的人更有优势。显而易见，梦并不比醒着时的思考更具智慧、更有预见性。相反，它更混乱，更让人迷惑。然而，我们还是要关注这种人类传统，因为梦的确与未来有着某些莫名的联系。这些观点，从某种程度上说，也并非完全错误。从客观的角度看，它或许会为我们提供某些缺失的关键点。人们一直认为梦能够为问题提供解决方法，因此，我们可以推断，个体做梦是为了寻找未来的指引，寻求解决问题的方法。这虽然可以帮助我们思考个体想要在哪里找到何种解决方法，但实不足以让我们把梦看作预言。显然，比起常识性思考得到的解决方案，梦中提供的解决方法未必更好，毕竟我们思考时是从全局出发的。想要依靠梦解决问题，不过是个体的痴心妄想，说他们想要一觉醒来就把问题解决了想必不过分吧！

在弗洛伊德的观点中，我们看到了他做出的确切努力。他认为梦有意义，可以用科学来解释。然而，在某些方面，弗洛伊德对梦的诠释又背离了科学。比如，他认为大脑白天的运作方式和夜晚不一样，"意识"和"无意识"此消彼长，梦遵循特殊的规则，异于清醒时的思考。我们认为，把梦与思考视为对立并不符合科学。想想远古时期的人，再想想古代哲学家，他们总希望将概念对立起来，把它们当作一对矛盾来处理。神经症患者体现的也是一种对立态度。人们相信，左和右是相反的，男和女、冷和热、轻和重、强和弱，是矛盾体。但是，从科学的观点看，它们并不矛盾，只代表着程度的不同，按照某种理想假设的近似值排列。同样，好和坏、正常与不正常，只是程度不同，并非对立。如果某种理论把睡与醒、梦中的念头和醒着时的思考看作对立面，那么这种理论一定不符合科学原理。

　　弗洛伊德还认为梦具有性方面的隐义。这同样是将梦与人们的日常努力和行为分割开。如果事实真是如此，梦表现的就并非是整体人格，而仅仅只是人格的一个部分了。许多弗洛伊德派的学者们也认为性不足以解释梦，于是，弗洛伊德又提出，我们还可以从梦中看到无意识的死本能。从某种意义上说，也许的确如此。梦，如我们所见，源于个体想找到解决问题的捷径，也揭示了个体缺乏勇气。然而，弗洛伊德使用的术语是高度隐喻化的，我们并不能轻而易举地认识到整体人格在梦中的反映方式。在这里，梦境与日常生活又全然割裂开了。尽管如此，在弗洛伊德的释梦尝试中，我们还是看到许多有趣又有价值的提示。比如，重要的并非梦本身，而是梦中隐藏的想法，这一点就特别有用。在个体心理学中，我们也有相似的结论。但是，精神分析仍然不是心理科学，因为它还欠缺成为科学的必要条件——承认人格的一致性以及个体所有表现形式的统一性。

这一缺失，我们可以在弗洛伊德的回答中看到。对于释梦中的重要问题——"梦的目的何在，我们做梦的原因究竟是什么"，这位精神分析学家回答："为了满足个体没有实现的愿望。"显然，这一观点并不能解释一切。如果梦不为人知，个体忘了它，或者无法理解它，满足从何而来呢？每个人都会做梦，但能理解梦的人少之又少。我们又能从梦中收获什么快乐呢？如果梦境与日常生活分裂，梦带来的满足只在梦境之中，我们也许还可以理解做梦者做梦的目的，但这种观点有违人格的一致性，梦对于醒着的人来说也就没有任何意义了。从科学的观点看，无论是做梦还是醒着，个体仍是同一个个体，那么，做梦的意图必然适用于这一一致的人格。确实，在某类人身上，我们就可能把梦中努力实现的愿望和整体人格联系起来。这类人就是娇生惯养的儿童，他们总在问："我怎样才能得到满足？生活会给我什么？"他们会在梦中寻找满足，与其他表现形式一致。事实上，只要仔细观察，我们就会发现，弗洛伊德的理论正符合娇生惯养儿童的心理。这些儿童认为自己的本能不应被否认，也把其他人的存在看作不公平的事。他们总是问："我为什么要爱人如己？他们也爱我吗？"但是，努力获得满足只是努力获得优越感的众多形式中的一种，我们不能把它当作各种人格表现的主要动机。此外，只要找出梦的真正目的，我们也就能够看到梦被遗忘和不被理解的原因了。

二十五年前，我着手研究梦的意义，它曾是最令我头痛的问题。我看到，梦与日常生活并不矛盾，它必须与生活中的其他行为和表现形式步调一致。白日里，我们忙于实现优越目标，到了夜里，我们必定也忙着实现这个目标。每个人都要做梦，好像梦中有任务等着他去完成，梦中的他也需要努力实现自己的优越目标。梦是人生格调的产物，也必定有助于人生格调的形成和强化。

梦中唤起的情绪情感有助于我们快速地明确梦的目的。我们做梦，但到了早上，我们通常会忘了梦的内容。我们忘得一干二净，但事实真是这样吗？真的什么也没有留下吗？不，当然会留下些许痕迹。梦所唤起的情绪情感还在。我们或许记不清梦中的画面，也不能理解它，但情绪情感仍萦绕在心中。梦的目的必定存在于它所唤起的情绪情感之中。梦只是一种手段，是一个工具，旨在唤起情绪情感。梦的目的就在于它留下的情绪情感。

个体产生的情绪情感，始终与其人生格调一致。梦中的想法与醒着时的想法并没有根本上的差别，两者之间不存在严格界线。如果非要说两者之间有什么区别，那就是梦中的想法受现实因素的影响要小一些。但是，它并未与现实脱节。睡梦中的我们仍然与现实保持着联系。如果我们在现实中感到困扰，我们的睡眠也会受到干扰。在睡觉时，我们可以调整自己，不让自己从床上摔下来，这一事实显示出我们与现实的联系依然存在。作为母亲，一个女人可以在吵闹的大街上熟睡，但孩子最微小的动静也能惊醒她。这就说明，睡着后的我们仍然与外界保持着联系。然而，在睡眠中，感知觉虽不缺席却有所减退，我们与现实的联系也会减弱。做梦时，我们独自一人，社会需求并不迫切，因此，梦中的我们不必老老实实地去考虑周围的情况。

只有摆脱紧张情绪，确信问题能得到解决，我们才会睡眠安稳。做梦是对宁静睡眠的干扰。我们可以断定，做梦是因为解决方案悬而未决，因此，哪怕睡着了，我们也无法摆脱现实重压，想要逃离现实困境。这就是梦的任务：面对问题，找到解决方法。现在，我们可以看到大脑如何在睡梦中向问题发起进攻。鉴于问题无法在梦中一一呈现，问题会显得容易一些，对我们的适应能力的要求也没那么高。梦会支持人生格调，唤起适宜的情绪情感。但是，人生格调为何需要支持？谁会向它发起进攻？攻击它的，是现实和常识。做梦，就是为了支持人生格调，对抗常识的要求。由此，我们可以得出一个非常有趣的观点：个体在遇到问题，又不想遵照常识去解决时，他就会通过梦中唤起的情绪情感来确定自己的态度。

乍一看，这似乎与日常不同，但细看之下这里根本没有任何不同。醒着时，我们也可以用同样的方法唤起情绪。有人遇到问题，但他想延续自己一贯的人生格调，并不想遵照常识来处理，于是他会不惜一切代价维护自己的人生格调，让它显得理由充分。比如，一个人的目标是发横财，他不愿努力，不想脚踏实地，也不愿意奉献。在这种情况下，他很有可能去赌博。他虽然知道赌博会让人倾家荡产，但他不想过辛苦日子，只想发横财。他还能做什么呢？他满脑子想的都是有钱的好处，认为自己可以通过投机赚钱，买车，过上纸醉金迷的生活，成为有钱人。这些幻想唤起了他的情绪情感，这些情绪情感又促使他采取进一步的行动。他无视常识，变成了赌徒。又如，日常生活中也有这样的事情发生：我们正在工作，有人却大谈特谈他在剧院看的一部戏。于是，我们也蠢蠢欲动，想要丢下手头的工作跑去看戏。陷入爱河的人，因为真心倾慕自己爱的人，会把未来描述得很美好。相反，悲观的人，描述的未来也是阴云密布。综上所述，个体会唤起自己的情绪情感，而只要关注他所唤起的情绪情感，我们就可以道出他是何种人。

然而，如果梦留下的只有情绪情感，常识又何去何从呢？梦和常识有相悖之处。我们发现，那些不轻信情感之人，那些更喜欢用科学方式处理问题的人，很少或根本不会做梦。相反，那些远离常识的人都不喜欢用惯常方式处理问题。常识体现了合作，不习惯合作的人都不喜欢常识，他们常常做梦。这些人渴望自己的人生格调胜出，急切地想要证明它的合理性，也希望回避现实的挑战。我们可以得出这样的结论：梦是一座桥梁，它试图在不改变个体人生格调的基础上，弥合它与当前问题的裂缝。人生格调支配着梦，它总会唤起个体所需的情绪情感。个体身上不曾出现过的症状、不曾具有的特征，一定不会出现在梦中。不管做不做梦，个体处理问题的方式都不会变。然而，梦体现了对人生格调的支持，它证明了个体人生格调的合理性。

如果事实真是如此，我们便进入了理解梦的新阶段，也是最重要的阶段。我们在梦中愚弄自己，每个梦都是自我麻痹，自我催眠。它的目的就是为了刺激心境，让我们以这种心境去面对问题。我们在梦中看到的人格与在日常生活中看到的人格完全一样。我们应该看到，个体已在心灵工厂中备好情绪情感，供晚上使用。如果判断正确，我们应该在梦的建构中，在个体所采取的方式中，看到他对自己的欺骗。

我们到底发现了什么呢？首先，我们发现了个体对于某些画面、事件、事故的选择。我们之前也提到过这些选择。在回顾过去时，个体会勾勒某些画面，编一些故事，并将它们汇编成集。我们知道，挑选出的这些内容具有倾向性。个体从记忆里选出这些内容，因为它们有利于其优越感目标的实现。他的目标主宰着他的记忆。同样，在建构梦的时候，个体也只会选取那些吻合人生格调以及表达人生格调要求的事件。所选内容的意义就是与困难相关的人生格调的意义。在梦中，人生格调会提出要求，它要走自己的路。立足现实、面对问题离不开常识，但人生格调可不愿就此让步！

梦还有其他含义吗？从远古开始，人们就注意到梦主要由隐喻和象征构成。今天，弗洛伊德也特别强调这一点。某心理学家说："在梦中，我们都是诗人。"那么，为什么梦不能用简单直接的语言表达自己，而要像诗一样使用隐喻呢？那是因为在明明白白地表达意思、不使用隐喻和象征的情况下，我们不可能不理会常识。隐喻和象征可以妄用：它们可以结合不同的意义，可以同时表达两件事，哪怕其中一件可能有错。它们可以提供不合逻辑的结果，也可以用来唤起情绪情感。这种情况也会出现在日常生活中。企图纠正别人的错误时，我们会说"别那么孩子气"。我们也会问："你为什么哭呀？你是女人吗？"你看，使用隐喻时，一些不相关的内容、一些仅仅指向情绪情感的东西，总会冒出来。体型高大的男人对一个小个子男人生气，他也许会这样表达："他是一条虫，应该被踩死！"这是一个比喻，更充分地表达了这个男人的愤怒。

　　隐喻是极佳的语言工具。我们总用它来欺骗自己。荷马描述希腊军队像雄狮一般驰骋沙场，让我们眼前出现了一副宏伟的景象。其实，这些可怜的士兵浑身污秽不堪，在战场上举步维艰。荷马真想如实描述这种情况吗？不！他想读者把他们看作狮子。我们当然知道他们并非狮子。试想一下，如果荷马描述的是这些士兵如何气喘吁吁、汗流浃背，如何停步为自己鼓气，如何潜伏下来避开危险，他们的装备又是如何陈旧等，我们还会对这部作品产生如此深刻的印象吗？隐喻可以起到美化作用，可以诱发想象，引人遐思。然而，我们不得不说，对于人生格调存在错误的个体来说，使用隐喻和象征却十分危险。

　　一个学生马上要参加考试了。问题就摆在面前，他应当鼓足勇气，运用常识去处理它。可是遵照他的人生格调，他只想逃避。这时候，他梦见自己在打仗。他把这个简单明了的问题呈现在一个隐喻之中。在梦中，他可以表达自己的害怕。又或者，他梦见自己站在悬崖边，为了不掉下去，他必须往回跑。他必须唤起能够帮助自己回避考试的情绪情感。他欺骗自己，把考试看作悬崖。在这里，我们可以看到个体在梦中常用的另一种方式。在梦中，问题常常被缩小，只有原问题的一部分被保留下来。于是，残留的内容被表现为一个隐喻，好像这就是问题原来的样子。假设另有一名学生也要参加考试。这名学生更勇敢，更乐于展望未来。他希望自己能够完成任务，通过考试，也希望自己得到支持，消除疑虑，获得信心。这是他的人生格调提出的要求。考试前一晚，他梦见自己站在山顶。在这里，他的处境被极大地简化了，呈现在梦里的只是他生活中的极小部分情况。这个问题对他来说很重要，也涉及许多方面。但是，为了唤起情绪情感帮助自己，他排除了许多因素，只把注意力集中在成功机会上。第二天早上起床后，他感到很高兴，也因此头脑清醒，勇气倍增。他成功地缩小了自己必须面对的困难，在恢复信心的同时，也成功地欺骗了自己。他没有遵循常识去面对整个问题，而是唤起了自信情绪。

　　唤起情绪情感并没有什么不寻常。比如，在跳过小河沟时，人们通常会倒数三声。数三二一真的那么重要吗？这两者之间有什么必然联系呢？事实上，它们之间毫无联系。然而，数三二一的确可以唤起情绪，积聚力量。为了巩固和强化人生格调，人们无所不用其极，而其中最重要的方式就是唤起情绪情感。我们日也唤，夜也唤，一刻不停息。但是，夜深人静时，它会呈现得更明显。

现在，我要说说我们怎样用梦欺骗自己。二战期间，我在一家医院任主任，专门负责治疗患有神经症的士兵。遇到不愿参战的士兵，我会给他们安排一些简单的任务，让他们放松下来。在通常情况下，这种方法是行之有效的，个体的紧张感会大大减低。一天，一名士兵来找我。我从没有见过体格这么好、这么强壮的人。他很抑郁，于是，我一边为他检查，一边想应该做些什么。当然，我可以把来看病的士兵全部送回家，但是，我的建议必须经由一名高级军官审核，我可不能肆无忌惮地这样做！于是，我对他说："你患上了神经症。但是你很强壮，身体也很好，我会给你安排一些轻松的工作，你不用上前线。"

这名士兵可怜兮兮地回答道："我是一名学生，家里很穷，要靠教书供养年老的父母。如果我不回去教书赚钱，他们就吃不上饭。没有我，他们活不下去！"我动了恻隐之心，想要为他找个更轻松的差事，送他回后方，去办公室上班。但是，我担心这种做法会惹怒我的上司，将他派去前线。最终，我决定尽力而为，保他平安。我给出诊断，证明他只适合警卫工作。那天晚上，我做了一个可怕的梦，梦见自己是一个杀人犯，在黑黢黢的巷子里转悠，想要找出我杀了谁。我不记得自己杀了谁，但这样的想法在心中挥之不去："我杀了人，我的人生要完了！一切都完了！"在梦中，我不能动弹，汗流不止。

惊醒后，我忍不住问自己："我杀害了谁？"忽然，我想到了！如果不能让这个年轻士兵去办公室工作，他也许会被送往前线，死在那里。如此一来，我岂不就是杀害他的凶手！你们看，我是如何唤起情绪情感骗自己的。我并没有杀人，如果灾难真的发生，也不是我的罪过。但是，我的人生格调不允许我冒这个险。我是一名医生，我要做的是治病救人，不是加害他们。我思虑再三，想着如果建议他去办公室工作，我的上司一怒之下反而可能派他上前线。如此一来，这个建议实在好不到哪里去。我忽然意识到，想要帮他，我只能遵照常识，而不是为我自己的人生格调所扰。因此，我开出证明，说他适合从事警卫工作。后来，事实证明，遵循常识始终是正确的。上司驳回了我的诊断。我担心极了，心想："他要被送往前线了！我还是应该建议他去办公室工作！"然而，我的上司却批注："去办公室工作六个月。"原来，我的上司受了贿赂，给这名士兵派了更轻松的工作。这个年轻人从来没有教过书，他说的都是假话。他编出这样的故事，只为了让我开证明，建议他去做轻松些的工作，而被贿赂的官员也能名正言顺地在我的证明上签字了。从那时候起，我再不愿理会所做的梦了。

梦能愚弄我们、麻痹我们，源于它们难以被理解。因此，如果能够理解自己的梦，它们也就不能再欺骗我们了。它们将不再唤起我们心中的情绪情感。我们可以抵制梦的提示，遵循常识来解决问题。梦一旦被理解，就失去了目标。梦是当前现实问题和人生格调之间的桥梁。但是，人生格调不需要强化，它应该与现实直接联系起来。梦多种多样。每个梦都揭示出个体所面对的特殊情况，显示他认为有必要对人生格调进行强化的地方。因此，梦的诠释因人而异。解释象征和隐喻没有固定的公式，因为梦由人生格调所创造，来自个体自己对自身特殊情况的解释。就算是描述典型梦境，我的目的也并非为了呈现它们通常意义上的解释，而是为了帮助大家理解梦以及它们的意义。

许多人都做过关于飞翔的梦。这类梦的关键，与其他梦一样，都在于它们所唤起的情绪情感。它们带来了轻快的感觉，也带来了勇气。它们让人们体会到从低到高的感觉。它们把克服困难描绘得轻而易举，追求优越目标也如探囊取物。我们由此可以推断，一个勇敢的人，充满上进心，雄心勃勃，连睡觉时也无法抛开他的雄心壮志。在遇到问题时，他会问自己"该不该继续下去"，而得到的回答也总是"没有什么可以阻挡我"。

绝大部分人也都做过下落的梦。这类梦非常值得注意，因为它们揭示了人在心理上的自我保护。比起努力克服困难而言，这些人更害怕失败。这不难理解，因为在传统教育中，儿童总被告诫要保持警惕，"不要爬到椅子上！""不要乱摸剪刀！""不要靠近火！"。他们一直身处假想的危险之中。当然，危险虽真的存在，但造就胆小的人并无助于他们面对这些危险。

有人常常梦见自己瘫痪，或者错过火车。这类梦通常代表着："事情不需要我干涉就能自行解决，那该有多好！我要回避，我要晚一点去，这样我就不用面对了。我要让火车先走。"梦到参加考试的人也有很多。有的人会梦见自己一把年纪了还要参加考试，也有人梦到自己再次参加以前已经通过的考试。前者意味着"没有准备好面对眼前的问题"，而后者意味着"需要再次通过考验"。象征对于每个人来说具有不同的意义。说到做梦，我们首先应该考虑它所遗留的情绪，以及它与整个人生格调的一致性。

我治疗过一名神经症患者，她三十五岁，是家中的次女。与大多数次女一样，她很是争强好胜。她一直希望自己争第一，能够完美地解决所有问题。她来找我是因为她患上了神经衰弱。她爱上一个有妇之夫，这个男人的年龄比他大，是个失败的商人。她一直想要嫁给他，但他不能离婚。于是，她梦见自己结了婚，住在乡下，把房子租给一个男人同住。但是，这个男人并不是一个诚实的人，工作也不努力。他没有钱，也因此付不起房租，她迫不得已将他撵了出去。

我们知道这个梦与她当前的问题有着千丝万缕的联系。她正考虑自己要不要嫁给一个破产的商人。她的情人没有钱，不能养活她。尤其令她糟心的是，他带她外出吃饭，却没有足够的钱付账。这个梦旨在唤起不想结婚的情绪。她本来就争强好胜，实在不愿与一个一穷二白的人有牵扯。她的梦是一个隐喻，她想用这个隐喻告诉自己："他租了我的房子又付不起房租，我要这样的房客有什么用！"她给了自己答案，那就是"他必须离开"。

然而，这名有妇之夫，并不是她的房客，这两者并不完全等同。一个无力养家的丈夫和一个付不起房租的房客并不是一回事。为了减轻她的问题，为了更好地遵循她的人生格调，她只好让自己产生"我不该嫁给他"的感觉。通过这种方式，她回避了常识，只选择了问题的一小部分来处理。她简化了整个婚恋问题，把这个问题浓缩于"一个男人租了我的房子，他付不起房租，被扫地出门"这个隐喻中，但事实上，问题远远不止如此。

在个体心理学中，治疗技术旨在增强个体面对人生问题的勇气，因此不难理解，梦会随着治疗进程发生变化，个体也会呈现出更自信的态度。在康复之前，一名忧郁症患者就做了这样一个梦：

"我独自一人坐在长凳上。忽然，天下起了大雪。幸运的是，我没有淋到，因为我赶紧跑进屋，与丈夫待在一起。随后，我帮他在报纸广告上找合适的工作。"

这名病人了解这个梦的意义，她能够自己诠释。这个梦清楚地展示了她与丈夫和解的意图。最初，她很恨他，痛苦地抱怨他的缺点，埋怨他没有事业心，赚不了大钱。这个梦意味着"与丈夫待在一起好过独自一人身处危险之中"。虽然我们赞同这名病人对情况的看法，但她与丈夫、与婚姻和解的方式，更像是在出谋划策。这不正是忧心忡忡的亲戚们常常做的事吗？同时，她过分地强调独自一人的危险，因此，她仍然没有准备好勇敢独立地实现合作。

一名十岁的男孩被带到我的诊所。老师抱怨他品行不端，陷害其他同学。他在学校里偷东西，然后把这些东西放到其他同学的课桌里，害他们被骂。这样的行为发生，源于儿童想拉低他人，让他们与自己处于同等水平。他想要羞辱他们，以证明他们才是坏人，而他自己不是。根据他处理问题的方式，我们可以推测，他在家中一定遇到过这样的事，家中一定有某个他想陷害的人。十岁时，他在街上用石头扔一名孕妇，并因此惹上麻烦。作为一个十岁的孩子，他应该了解怀孕是怎么回事，所以我们可以猜测，他不喜欢有人怀孕。我们需要看看，他家里是否有弟弟或妹妹，他们的出生是否让他不快了。据老师说，他被称为"街区一害"。他招惹其他孩子，骂他们，编排他们的丑事，还追打小女孩。现在，我们大致可以肯定，他家里有个妹妹，他视妹妹为竞争对手。

后来，我们知道，他是家里的长子，有一个四岁的妹妹。但据他母亲说，他很爱自己的妹妹，对她一直很好。我们实在没有办法相信这一说法，这样的男孩不可能爱自己的妹妹！稍后我们会看到，我们的怀疑不无道理。他母亲还说，自己与丈夫的关系堪称典范，这个孩子变成这个样子真是太遗憾了！显然，他的错不应归咎于父母。他天性如此，生来就是一个顽劣之人。这是命运的安排，也可能是隔代遗传。我们常常听说这类理想婚姻：父母无懈可击，而孩子却是讨厌鬼。老师、心理学家、律师和法官，都见过这种不幸的事发生，是见证人。然而，父母婚姻"完美"，男孩可能面临着一个大问题：他会被母亲一心扑在父亲身上所激怒。他想要独占母亲，只愿母亲关注自己，看到母亲对他人情感流露，他定会心生怨恨。

幸福的婚姻对孩子有碍，不幸的婚姻更糟。在这种情况下，我们该怎样做呢？从一开始，我们就要培养孩子的合作精神，真正地将他带入婚姻关系之中，不让他固着于父母中的任何一方。我们谈论的这个男孩子是一个娇生惯养的儿童，他希望妈妈一直关注他。在无法得到足够关注时，他就会制造麻烦。

这一点很快就得到了证实。他的妈妈从来不动手惩罚孩子，总等着父亲回家罚他。也许，她觉得自己很柔弱，男人才强大，才可以发号施令，实施惩罚。也许，她想让儿子依恋她，害怕因惩罚而失去他。不管出于何种意图，她都在训练儿子远离父亲，不与父亲合作。父子之间也必然出现摩擦。我们听说，这名父亲很爱妻子，对家庭也很尽责，但下班后，他却因为儿子的缘故不愿回家。父亲对他的惩罚很严厉，还常常打他，但我们并没有听到儿子不喜欢父亲的话。这怎么可能！这个男孩并不笨，他已经学会娴熟地隐藏自己的情绪情感。

他爱自己的妹妹，但却不能好好地与她一起玩。他常常打她、踢她。他睡在餐厅的沙发床上,而妹妹却睡在父母房里的婴儿床里。要是我们设身处地为这个男孩想想,父母房里这架婴儿床定会让我们不安。我们试着从这个男孩的角度去想、去感受、去观察。他想占据母亲的关注,但到了晚上,妹妹睡在离母亲那么近的地方,而他却不得亲近。他必须奋力拉近自己与母亲的距离。这个男孩的健康状况很好:他是顺产儿,喝了七个月的母乳。第一次喝奶瓶里的奶时,他吐了。三岁之前,他都常常呕吐,他的胃很可能有毛病。如今,他吃得好,营养充足,但他对胃还是特别关注。他认为这是自己的薄弱之处。说到这里,我们便可以理解他为什么会用石头扔孕妇了。他很挑食。如果饭菜不合意,母亲会拿钱给他,让他到外面买自己喜欢的东西吃。即便如此,他还四处宣扬父母不让他吃饱。这是他惯用的伎俩。情况一直如此。诽谤他人是他获得优越感的方式。

现在,我们来听听他在诊所里告诉我们的梦。

"我是一个西部牛仔,"他说,"人们把我送去墨西哥,我必须杀出一条血路回到美国。一个墨西哥人来攻击我,我踢了他的胃。"

这个梦传达了这样的感觉:"我被敌人包围了,必须努力战斗。"在美国,牛仔被看作英雄,而他认为追打小女孩,踢别人的胃,也是英勇的行为。我们知道,他很看重自己的胃。他认为这是自己最薄弱的地方。他常常感到胃不舒服,他父亲也患有神经性胃病,时常抱怨胃部不适。在这个家庭中,胃极受关注。这个男孩的目标是袭击人们最薄弱的部位。他的梦、他的行为，都准确地显示了他的人生格调。他生活在一个梦中，如果不将他唤醒，他还会一直在梦里生活下去。他还会攻击自己的父亲，打自己的妹妹，欺负小孩子，特别是小女孩。如果医生不合他意，他也会攻击医生。梦中的冲动刺激着他，他会一直这样下去，他想成为英雄，战胜他人。如果不让他了解到这不过是自欺欺人，治疗根本不会发挥作用。

我把梦的含义解释给他听，告诉他，他为自己营造了一个充满敌意的世界，每一个想要惩罚他、阻止他的人，都是墨西哥人，都是他的敌人。当他再次来诊所时，我问他："上次见面回家后，有什么事情发生吗？"

"我一直就是坏蛋。"他回答道。

"你做了什么？"我问。

"我追着一个小女孩打。"他回答。

这不是忏悔。相反，这是一种炫耀，也是一种攻击。他在诊所里，一个大家努力让他变好的地方，坚称自己一直是个坏蛋。他想告诉我们："不要期望我去改变！我也会踢你的胃！"他仍在做梦，仍在扮演英雄。我们能做什么呢？我们必须消除他从这个角色中得到的满足感。

"你觉得英雄会追着一个小女孩打吗？"我问他，"这样模仿英雄行为可能不对吧？"我又告诉他，要想成为英雄，要么去追那些长得又高又壮的女孩子，要么根本不该去追女孩子。这是治疗的一方面，我们必须让他看清真相，不再继续自己的人生格调。俗语说，一粒老鼠屎坏了一锅汤，我们就是要让他认识到，这种做法无异于一粒老鼠屎，是一个污点。这之后，他就不愿再喝"这锅汤"了。另一方面，我们也想要给他合作的勇气，让他去寻找发挥人生作用的重要性。一旦发挥人生作用，不再害怕失败，他也就不会再做这等无谓之事了。

我有一名来访者，是一个二十四岁的女孩，独居，从事秘书工作。她抱怨自己的老板恃强凌弱，她的生活因此很是煎熬。她觉得自己没法交朋友，也无法保持友谊关系。根据我的经验，个体无法交到朋友大多因为想要控制别人。这样的个体只对自己感兴趣，他的目标在于显示自己的优越性。也许，她和老板是同一类人，他们都想控制对方。这样两个人碰在一起，麻烦在所难免。这名女孩是家中幼女，上面有六个哥哥姐姐，大家都很宠她。她的小名叫"汤姆"，因为她一直想成为一名男孩。这使得我们更加怀疑她会用控制别人的方式来实现自己的优越目标。她觉得变成男人就能成为主宰，就能控制他人而不让自己受控制。她是个漂亮的女孩，她觉得大家之所以喜欢她，是因为她长着一张漂亮脸蛋，因此她特别害怕自己容貌受损。在我们这个时代，漂亮女孩的确更容易给人留下深刻印象，也更容易控制他人。她非常了解这一点。然而，她更想变成一个男人，以男性的方式高高在上，因此她并不因为自己的美貌而洋洋自得。

在最初的记忆中，她因一个男人而受到惊吓。她承认自己仍然很害怕遭到强盗和疯子的袭击。这一点似乎很奇怪，一个想要成为男人的女孩居然害怕强盗和疯子！但细细一想，这没有什么好奇怪的，她之所以以此为目标，不正因为自己的软弱吗？她希望自己能够控制局势，一切尽在掌握之中。强盗和疯子不受她控制，所以，她想消灭他们。她希望不费力气就能拥有男性气概，就算失败也情有可原。许多人都对女性角色感到不满，我将这称为"男性钦羡"（**Masculine Protest**）①。在这种情况下，紧张感会一直存在——"我一直与自身的女性缺点斗争着"。

让我们看一看能否从梦中发现相同的情绪情感。她时常梦见自己被单独抛下。她是一个被宠坏的孩子，她借梦告诉我们"我必须受到照顾，留下我一人不安全，会有人来攻击我，制服我"。她还梦见自己丢失钱包。"小心点，"她说，"你有失去东西的危险！"她什么也不想失去，尤其不想失去控制他人的力量，并选择了用丢失钱包这件事来象征。我们也可以借此从另一个角度说明梦如何通过唤起情绪情感来强化人生格调。她不曾真的遗失钱包，但是，在她的梦中，这样的事情却发生了，这种情绪被保留了下来。

下面提到的梦要长一些，这个梦有助于我们更清楚地看到她的态度。

"我去了游泳池，那里有许多人。"她说道，"有人注意到

---

① 阿德勒提出的概念，又称为"男性抗议"，指不论男性还是女性都有要求自己强壮有力的愿望，以补偿自己不够男性化的方面。

我踩在大家的头上。我觉得有人冲我大喊大叫。我很危险，很可能跌下来。"如果我是雕塑家，我要把这个场景原封不动地雕刻出来：踩在人们头上，把他人当垫脚石。这是她的人生格调，这些是她想要唤起的情绪情感。然而，她还是觉得自己岌岌可危，并且认为其他人也应该意识到她的危险。其他人应当照顾她，小心翼翼，让她能够继续踩在他们头上，在水里游泳让她感觉不安全。这就是她的人生故事。她固着于自己的目标：即使是个女孩，也要像男人一样。她十分争强好胜，这在幼女身上并不少见。她不满足自身的情况，想显得高人一等，也一直被失败的恐惧所困扰。想要帮助她，我们必须找到合适的方法，让她接受自己的女性角色。她需要摆脱恐惧，消除对男性的过高评估，感受到友好，能够与他人平等相处。

下面的例子中提到的也是个女孩。她十三岁时，弟弟死于一次事故。提到自己的最初记忆，她回忆："弟弟还是个小婴儿，在学走路。他拉住一把椅子，想让自己站起来。这时，椅子倒在了他身上。"

这也是一次事故。我们看到，她深感这个世界充斥着各种危险。"我常做的梦非常怪异。"她讲道，"我走在街上，地面上有一个洞，但我没有看到这个洞，一下子就掉了下去。洞里全是水。就在我触水时，我猛地醒了过来，心怦怦直跳。"我并不觉得这个梦像她说的那般奇怪。如果她继续以此为警示，她仍会觉得它神秘，也不能真正地理解这个梦。这个梦想要告诉她"小心点，你身边充斥着你完全不知道的危险"。然而，这个梦要表达的并不限于此。身处下方的人根本无处可落，她觉得自己有掉下去的危险，正好说明她觉得自己位于上方，高于其他人。与上一个案例中提到的情况一样，她在告诉我们"我高人一等，我要时刻小心，以免掉下来"。

在下面这个案例中，我们来看看最初记忆和梦中所表现的人生格调是否相同。一个女孩讲述道："我十分喜欢看房子一点一点修起来。"从这句话中，我们可以猜测，她具有合作精神。一个小女孩不可能参与房子建造，但她表现出喜欢参与到他人的任务之中。她接着说道："那时我年纪很小，站在一扇很大的窗子旁边。我非常清楚地记得，窗户玻璃十分清晰明亮。"她注意到窗户很大，这是一个比较，有大就有小。她想表达的是"窗户很大，而我很小"。可以想象，她一定比一般人矮小。正因为如此，她才会如此在意东西的大小。她说自己记得很清楚，这是一种夸耀。

我们再来看看她的另一个梦。"好些人与我一起坐在车上。"不出我们所料，她的确具有合作精神，喜欢和他人一道。"我们开着车一路走来，最后停在了一片小树林前。大家都下了车，冲进树林里。大部分人都比我高。"这里，她再一次提到高矮差异。"但是，我还是及时赶到了，没有错过电梯。电梯一直向下，来到一个约三米深的矿井里。我们觉得那里的空气有毒，下电梯就会被毒死。"她在这句话中提到了危险。当然，大多数人都会惧怕某种危险，人并非无所畏惧。"我们还是下了电梯。还好安全无恙。"在这里，我们看到了她的乐观。具有合作精神的人常常更勇敢、更乐观。"我们在那里待了一小会儿就坐电梯上去了，飞快地跑向停车的地方。"现在，我可以确定，这个女孩具有合作精神，而且她一直希望自己能长得高一些。在这里，我们可以看出她的紧张，有踮着脚尖的感觉。但是，她对他人的兴趣、对共同成就的兴味，足以抵消这种紧张。

第六章

家庭影响

从出生开始，婴儿就努力地与母亲建立联系。他们的一举一动都以此为目的。这段时日里，母亲的重要性超越了其他任何人，他们几乎完全依附于她。这便是合作能力的发端。与母亲的关系，是婴儿与他人发生联系的开始，也是他们首次将兴趣放在自己以外的人身上。母亲是他们与社会的最初桥梁。如果无法与母亲或代替母亲照顾他们的人建立联系，婴儿难免一死。

　　母婴联系不但紧密，而且具有深远的意义，以致我们竟难以区分哪些性格源于遗传因素。母亲可以调整遗传倾向，对孩子进行训练和教育，并使所有遗传倾向发生改变。母亲可能训练有素，也可能缺乏这方面的技巧，但并不影响她对孩子的潜质产生作用。这里的训练有素，指的是她与孩子合作的能力，以及激发孩子与她合作的能力。这种能力并非规则所教。每天都有新情况出现，她必须去观察，去理解，满足孩子方方面面的需求。关注孩子，渴望得到孩子的爱，保障其幸福，才是掌握这门技巧的不二法门。

　　母亲的态度体现在行动中。抱孩子、与他说话、为他洗澡，给他喂食，都是母亲与孩子建立联系的机会。不经过良好的训练，她就会显得笨手笨脚。母亲对孩子提不起兴趣，孩子也不会真正接纳她。母亲不知如何为孩子洗澡，孩子当然视洗澡为痛苦的事。这样一来，他只想摆脱她，更谈不上建立联系了。母亲必须掌握技巧，知道怎样借助动作和声音哄孩子睡觉。何时该安抚他，何时该留他独处，也是一门技术活。她还必须全面考虑孩子所处的环境，比如空气是否新鲜，房间温度是否适宜，营养是否充足，睡眠时间够不够，生活习惯好不好，清洁卫生到不到位，等等。所有这一切，都是孩子决定该不该喜欢母亲、是选择合作还是拒绝合作的依据。

为母之道并不神秘，它们都是持续关注和长时间训练的结果。从很小的时候起，女孩子就在学习做母亲了。女孩对弟弟妹妹的态度、对婴儿的兴趣、对未来使命的兴致，便是可觉察的端倪。男女使命不同，教育男孩与女孩的方式当然也不一样。想把女孩培养成为训练有素的母亲，相关教育必不可少。我们应该让她们爱上母亲这一角色，把它看作一种创造性活动。只有这样，在日后成为母亲时，她们才不会感到失望。

不幸的是，在我们的文化中，人们总是低估这件事的价值。在重男轻女、男尊女卑的氛围中，女孩子怎么可能爱上自己未来的使命呢！没有人心甘情愿处于从属地位。在这种情况下，女孩或多或少抗拒结婚生子这回事。她们心有不甘，不想要孩子，对此也没有任何期许。她们认为，这种事很无趣，没有创造性。这个问题虽然严重，却没有得到足够重视。要知道，女人对做母亲这种事的态度影响着整个人类社会。遍观这个世界，女人在生活中的作用都被低估了，被视作从属。男孩从小就认为家务是仆人才做的事，认为帮忙做家务有失尊严。因此，女人做家务，操持家事，不但不被看作贡献，反而被认为在从事低级乏味的工作。只有女人视家务为一门艺术，她才不会觉得这个任务低人一等，也只有满怀兴趣地全力以赴，她才能用心点亮伴侣的生活，让他过得更充实。反之，如果她认为这项工作低微，男人根本不屑一顾，那么她反感这一任务、心存抗拒又有什么好惊讶的呢？她只想证明——这一点从一开始就显而易见——女人与男人是平等的，应该受到同等尊重，拥有同等的发展机会。事实上，个体只可能借助社会情感发展能力，而且社会情感会引导个体，在不受任何外来限制和约束的情况下，走上正确的道路。

低估女人的作用会摧毁和谐的婚姻生活。如果女人觉得生养孩子低人一等，她自然不会自觉训练，获取技巧，便不能确保母子一心，给予孩子良好的照顾和理解。如果女人不满意自己的角色，她一定会制定别的人生目标，阻碍她与孩子更好地建立联系。如果女人忙于证明自身的优越性，无法与孩子的目标一致，孩子就会成为绊脚石。看看那些失败者的案例，我们总能发现他们有个不尽职的母亲，这些孩子已经输在了起跑线上。母亲不称职，或者母亲不满自己的使命，对孩子缺乏兴趣，整个人类也会岌岌可危。

然而，我们并不能把这种错误归咎于母亲。这实在谈不上是谁的错。也许，母亲自身并没有接受过良好的合作训练。也许，她的婚姻并不幸福，她也很压抑。她也会充满迷茫，担心自己的处境，有时甚至身陷绝望之中。干扰家庭生活的因素很多：母亲生病无力与孩子合作，母亲外出工作筋疲力尽，家里经济状况不好，无法保障孩子的衣食和生活环境，等等。此外，我们知道，决定孩子行为的不是他的经历，而是他从这些经历中得出的结论。因此，在研究问题儿童的案例时，孩子与母亲的关系也许存在着许多问题，但这些问题同样存在于母亲更称职的案例中。这里，我们需要回到个体心理学的基本观点上来：性格的发展本无理由可寻，但是为了达到目的，儿童可以将经历转化为理由。因此，我们不能断言，营养不良的孩子一定会成为罪犯。我们还必须看看他从营养不良中得出何种结论。

不难理解，不满自身角色的妇女会出现问题，会产生紧张感。我们知道身为母亲的力量。研究表明，母亲保护孩子的倾向强于其他任何倾向。就算对于老鼠或猩猩等动物来说，母性驱力也强于性驱力和饥饿驱力。在非得做出选择时，母性驱力肯定会占据上风。这种倾向源于合作目标，与性无关。母亲总觉得孩子是自己不可分割的一部分，是她联系人生的桥梁，孩子会让她产生能主宰生死的感觉。我们发现，每位母亲或多或少都觉得孩子是她创造的作品。她觉得自己像上帝一样——从无到有地——创造了一个生命。努力成为母亲的确是人类努力获得优越感的方式之一，让人实现了人类变得像神一般神圣的目标。这是一个很好的例子，清楚地说明了个体如何以人类利益为出发点，带着最深刻的社会情感去造福他人。

当然，母亲也可能会夸大孩子作为自身一部分的感觉，强迫他为自身的优越目标服务。她可能会试图让孩子完全依附于她，控制他的生活，一直束缚他。我们来看看下面的例子：有一名农妇，她已经七十岁了。她有一个五十岁的儿子，一直与她生活在一起，同吃同住。后来，母子二人同时得了肺炎，母亲得救了，儿子却死在了医院。得知儿子的死讯后，这个农妇说："我就知道我不能顺利地把这个孩子抚养成人。"她觉得自己应该对孩子负责一辈子，从没有视他为平等的个体，也未试着让他融入社会。通过这个例子，我们可以看到，母亲霸占孩子，不增进孩子与社会的联系，不引导他平等地与周围人合作，是一件多么错误的事啊！

母亲的各种人际关系都不简单。她与孩子之间的联系也不应被过分强调。这不仅是为了孩子，也是为了她自己。过于强调一个问题必然忽略其他问题。不过分强调单一问题，问题反倒能够得到圆满解决。母亲与孩子、与丈夫、与她周围的整个社会，都存在着关联，这三种关系需要她给予同等的关注：三者都需要她运用常识，冷静面对。如果母亲过于关注与孩子的关系，她就难免娇纵他。如此一来，反倒难以培养他的独立性，难以发展他的合作能力。成功地与孩子建立联系后，母亲的下一个任务是将孩子的注意力引向父亲。如果她自己就对父亲不感兴趣，完成这一任务就无从谈起。同样，她必须把孩子的兴趣引向周遭的社会生活，引向家中的其他孩子，引向朋友、亲戚以及人类同胞。她的任务因此具有双重性。首先，她要让孩子体验到对同伴的信任；其次，她要将友谊和信任扩散到整个人类社会。

如果母亲只在意孩子爱不爱自己，日后再让他去关心别人，他定会心生厌恶之感。他总想从母亲那里得到支持，那些会夺走母亲的注意力的人和事都是他的敌人。他会将母亲对父亲、对家中其他孩子的关注看作一种剥夺，他心里想："妈妈只属于我，是我一个人的！"现代心理学家极大地误解了这种情况，比如，弗洛伊德就提到过俄狄浦斯情结。他认为孩子会爱上自己的母亲，想与之结婚，并因此憎恨父亲，想杀死他，把母亲据为己有。如果了解孩子的发展，我们不会错误地看待这一问题。俄狄浦斯情结只会出现在那些想要霸占母亲全部注意力的孩子身上，只有这种孩子才想除掉其他人。这种欲望与性无关，他只是渴望征服母亲，完全控制她，让她成为仆人。这种情况只会发生在被母亲宠坏的孩子身上，因为他的情感全部投注在母亲身上，未能与他人产生友情。在极少数情况下，男孩只与母亲建立联系，并因此将母亲置于解决婚恋问题的中心位置。他之所以抱着这种态度，是因为无法与母亲之外的人合作。他无法像信任曲意逢迎的母亲那样相信其他女人。因此，俄狄浦斯情结只是人造产物，是错误训练的结果。我们不应假定人类具有弑父娶母的本能源于遗传，也不应认为这种失常与性有关。

一旦母亲不在身边，总被母亲绑在身上的孩子就会出现问题。哪怕在学校上学，或者在公园里与其他孩子玩耍，他的心里还是会想着母亲，以与她保持联结为目标。他憎恨与母亲分离。他想拽着母亲一起，占据她的思想，让她关注自己。他可用的方式很多。他可能扮成一个乖宝宝，表现得柔柔弱弱，满怀深情，渴望得到同情。他也可能哭哭闹闹，一病不起，表明自己很需要照顾。他还可能脾气暴躁，不听话，与母亲针锋相对。这也是赢得关注的手段。我们发现，许多问题儿童都娇生惯养，他们只想得到母亲的关注，从来无视环境对他们的要求。

在寻找方式获取关注这件事上，孩子很快就能成为行家里手。娇生惯养的儿童通常害怕独处，尤其害怕独自待在黑暗中。他们并非真的怕黑，他们只想利用这种恐惧让母亲与自己亲近。有一个娇生惯养的孩子很怕黑，总在晚上哭闹。一天晚上，他又哭了，母亲应声而来。

母亲问："你怕什么呀？"

"太黑了。"他回答。

但是，母亲知道他哭的意图，说："是不是我来之后就没这么黑了呢？"

由此可见，黑暗本身并不重要，他只是利用对黑暗的恐惧来表达不愿与母亲分开。一旦与母亲分开，他会不遗余力地唤起情绪情感，调动心理力量，让母亲再次靠近他，不离开他。为了唤回她，他无所不用其极。大哭大闹、不睡觉、制造麻烦都是他常用的伎俩。恐惧则是他吸引教育者和心理学家的关注的惯用方式。在个体心理学中，我们不再着重找出恐惧的原因，而是要找到它的目的。所有娇生惯养的儿童都受恐惧困扰。这是他们吸引关注的方式，这种情绪已经印刻在他们的人生格调之中。他们利用恐惧来确保目标的实现，重获与母亲的联系。胆小的孩子都娇生惯养，他们希望再次得到宠爱。

这些娇生惯养的儿童有时会噩梦连连，在睡梦中大哭大叫。这种症状虽为众人所知，但在认为睡和醒相互对立的情况下，人们不可能理解这种症状的意义。睡与醒相互对立的看法是错误的，它们并非对立面，只是不同的呈现形式罢了。儿童梦中的行为方式与白天并无二质。他想改变情况、获得好处的目标影响着他的整个身心。在经过训练、获得一些经验之后，他会找到实现目标的最佳方法。即使在睡梦中，他的心中也无法放下吻合目标的画面和记忆。这些儿童娇生惯养，又有一定的经验。他们发现，想与母亲重新建立联系，他们就应该让自己害怕。长大以后，儿时娇生惯养的人还是经常会做焦虑不安的梦。在梦中表现害怕是他们获得关注的手段。于是，它被固定下来，成了一种习惯。

他们利用焦虑这一点非常明显，无怪乎这些娇生惯养的儿童会在夜里制造麻烦。为了吸引关注，各种伎俩可谓信手拈来，层出不穷。有的会抱怨被子不舒服，有的总是要水喝，有的会说自己害怕强盗和野兽闯进来。父母不守在床边，有些孩子根本无法入睡。一些孩子梦魇不断，一些从床上滚下来，一些会尿床。我治疗过一个孩子，也是娇生惯养型的，但她似乎是一个例外，晚上从不捣乱。她妈妈告诉我们，这个孩子睡得很好，既不做梦，也不会半夜惊醒，更谈不上捣乱了。然而到了白天，她反而惹乱子。这倒令人称奇！我列举了许多想引起母亲关注、想亲近她的征兆，这个女孩居然一样也没有！忽然，我灵光一现，问道：

"她睡在什么地方？"

"我床上。"母亲回答道。

原来如此！

娇生惯养的儿童常常视生病为避难所，因为生病时大人会更惯着他们。孩子大病初愈后变成问题儿童的情况时有发生。乍一看，我们会以为这是生病造成的，但事实上，这是因为他一直记得生病时母亲对他的宠爱和优待。妈妈可从未像那样宠他！于是，他变成了制造麻烦的人。这是他的手段。有时，孩子会注意到另一个孩子生病时的情况，觉得大家都关爱生病的人，于是，他也希望自己生病。他甚至会亲吻生病的孩子，希望被他们传染。

有一个女孩身体一直不好，在医院待了四年，医生和护士都很宠她。出院回家之初，父母也都宠着她，但几个星期之后，大家对她的关注渐渐减弱。只要得不到自己想要的东西，她就会咬着手指，说："我在医院待过好长时间！"她想提醒大家她以前生过病，想一直受到优待。成年人身上也不乏这种情况，他们也会时常提及自己的病，提到他们做过的手术。

另一方面，过去老惹麻烦的孩子却在康复后改过自新了。虽然我们说过器质缺陷会对儿童造成额外负担，但我们同样知道，这并不足以解释不良的性格特质。因此，我们怀疑，器质性问题的消除，就其本身而言，与这种变化并无关系。我知道一个男孩，他是家中的次子，爱说谎、偷东西、逃学、捉弄人、喜欢与人对着干，总之麻烦不断。老师对他无可奈何，觉得应该把他送进少管所。这时候，这个男孩病了，患上了髋关节结核。整整半年，他都只能打着石膏躺在床上。康复之后，他性情大变，成了家里最乖的孩子。我们不认为是生病改变了他。很快，我们了解到，这一变化源于他认识到了以前的错误。以前，他一直觉得父母更爱哥哥，总觉得自己不受重视。生病期间，他发现自己成了关注的焦点，大家都来照顾他、帮助他。他很聪明，知道自己以前想错了，也放弃了自己不受重视的想法。

有人认为，想要弥补母亲犯下的错误，最好的办法是将孩子带离母亲身边，把他们交给护士或社会公共机构。这种想法实在荒谬！我们寻找代替母亲的人，不过就是物色能够扮演母亲角色的人。这个人像母亲一样，孩子会对她产生兴趣。在这种情况下，直接训练孩子的母亲岂不是要简单得多？孤儿院里长大的儿童常常显得不关心他人，因为没有人可以成为他们和同伴之间的桥梁。研究人员不定期在社会公共机构中做实验，研究对象就是那些发展不良的儿童。研究人员把孩子交给护士或修女照顾，或把他送到其他家庭，让其他家庭的母亲一边照顾自己的孩子，一边照顾他。如果所选的抚养人不错，情况会大有改善。抚养这类孩子的最好办法是找到可以替代父母的人，让他们重新回归家庭生活。把他们带离父母身边之后，我们应该为他们寻找可以履行父母职责的人。母亲爱孩子、关注孩子非常重要。这一点，也表现在另一个事实中：孤儿、私生子、弃儿，以及来自破碎家庭的儿童成为失败者的概率极高。

众所周知，继母不易做，孩子常常会与她们作对。这个问题并非无法解决，我也看到过成功的例子。但通常，做继母的女人不了解问题之所在。在母亲死后，父亲成了孩子唯一的依靠，也会更溺爱他们。后来，有了继母，他们觉得继母夺走了父亲对他们的关爱，也因此而攻击她。而她呢？她受到孩子的攻击，觉得自己必须还击。如此一来，孩子才真正地不满起来。她和孩子叫板，孩子也更猛烈地还击。与孩子斗终归是输，孩子永远不会被打败，因为争斗并不能赢得他们的合作。在这些争斗中，弱小的一方反而是赢家。他们不想给予，你偏要索取，结果就是你什么也得不到！如果能够意识到合作和爱不可强求，我们不知会节省多少无谓的努力，缓解多少冲突呢！

在家庭生活中，父亲的作用与母亲同样重要。最初，父亲与孩子的关系并不那么紧密，但渐渐地，他的影响就会显露出来。母亲不能将孩子的注意力延伸到父亲身上会带来许多危害。孩子的社会情感发展会受到严重阻碍。婚姻不幸，孩子也会面临许多危险。如果母亲无法将父亲纳入家庭生活之中，她就会希望完全占有孩子。孩子也许只是父母战争中的一个筹码。双方都希望孩子更依恋自己，更爱自己。如果发现父母意见不合，孩子会很懂得调拨离间。竞争因此出现了。孩子会看看父母哪一方可以更好地控制他，会更娇惯他。在这种氛围中训练孩子的合作能力根本无从谈起。孩子与父母之间的合作是他们最早的合作体验。如果父母无法好好合作，那么就不要奢望可以教会孩子了。此外，孩子对婚姻和异性关系的第一印象也来源于父母的婚姻。如果第一印象不佳，又得不到及时纠正，孩子会抱着悲观的婚姻观成长，即便成年后也觉得婚姻注定不幸福。他们要么尽力回避异性，要么确信自己无法成功接近异性。因此，如果父母的婚姻无法展现合作精神，没法呈现社会生活的风貌，孩子会出现严重缺陷。婚姻意味着两个人结伴同行，这种结合是为了双方共同的利益，为了孩子的幸福，也是为了社会的福祉。三者任缺其一，都不吻合生活需求。

　　婚姻是一种伙伴关系，因此夫妻双方地位相当，无高下之分。对于这一点，我们要详加论述。在家庭生活中，权力无用武之地，特别强调或更关注某位家庭成员是不可取的。如果父亲脾气暴躁，想要控制其他家庭成员，那么家中的男孩儿会对男人产生错误的看法。对于女儿来说，情况就更糟了。日后，她们定会把男人描绘成暴君。在她们眼里，婚姻就是征服与奴役的关系。为了保障自身安全，对抗异性，她们还可能变成同性恋。如果母亲占上风，对着家人喋喋不休，情况就会倒过来。女儿模仿她，变得尖锐刻薄，而儿子则处于防御地位，害怕批评，时刻警惕，不愿被征服。有时候，强横的不只有母亲，姊妹、姨妈也会加入进来。男孩因此变得沉默寡言，不敢主动响应和参与社会生活。他害怕所有女人都是这样，唠唠叨叨，吹毛求疵，并想摆脱所有女人。没有人喜欢受人责难。如果一个人的注意力都放在了躲避责难上，他与社会的关系必将遭受影响。他会按照自己的认知图式来审视和判断每一件事，回答"我是征服者还是被征服者？"。对于那些用成败来衡量人际关系的人来说，没有同志情谊可言。

父亲的使命可以用几句话来概括：他是忠诚的丈夫，合格的父亲，优秀的社会成员。他必须很好地面对人生的三类问题——职业、友谊和婚恋，与妻子平等合作，照顾家人，保护家人。他不应忘记，女人在家庭中的作用无法超越。他不可剥夺母亲的权利，应该与她并肩合作。我们必须强调，父亲是家中的主要财政来源并不奇怪。他不应当因此表现得像施予者，并把其他人看作接受者。在幸福的婚姻中，父亲挣钱只是因为家庭分工不同。但是，许多父亲却利用经济地位来控制家庭。在家庭之中，没有统治者一说，产生不平等感的情况不应出现。父亲应当警惕我们的文化中对男性特权地位的过分强调，要警觉妻子在结婚时的担心——她怕自己受控制，处于劣势地位。他要知道，妻子虽然是女人，但是支持家庭的方式与他不同，并不因此就低他一等。无论是谁挣钱养家，在真正具有合作精神的家庭生活中，都不是问题。

父亲对孩子的影响非常重要，有孩子一直把父亲当作自己的榜样，也有孩子在有生之年都视其为最大的敌人。惩罚，特别是体罚，对孩子有害。不友好的教育方式都不是好的教育方式。不幸的是，家中惩罚孩子的任务往往落在父亲身上。这会产生许多影响。首先，它证实了女人没有能力教育孩子的说法。母亲很脆弱，她们需要强手帮助。母亲说"爸爸回来会收拾你"时，其实是在告诉孩子男人才是终极权威，是生活中真正有权力的人。其次，这会破坏孩子与父亲的关系。孩子害怕父亲，不会把他当作好朋友。有的女人害怕会因惩罚孩子失去孩子的爱，但是，让父亲惩罚孩子也绝非良策。孩子当然不会因此就不怪罪母亲，毕竟，刽子手是她招来的。许多女人仍然会用"告诉父亲"来威胁孩子，强迫他们服从。可是如此一来，孩子会怎样看待男人在生活中的角色呢？

如果能够适当地面对人生中的三种问题，父亲将成为家庭中不可缺少的一分子，成为一名好丈夫、一个好父亲。他需要与人自在相处，能够广交朋友，这是他带领家庭融入社会生活的方式。他不应闭目塞听，受制于传统观念。如此，他才能把家庭外的事件带入家庭，向孩子们展示怎样获取社会情感，怎样合作。然而，夫妻的朋友圈不同也有风险。夫妻双方应该拥有相同的社交圈，避免因为朋友而分离。当然，我并不是说他们应当整天黏在一起，不能单独出门。我的意思是，他们应当具备和谐相处的能力，比如，丈夫乐意把妻子介绍给自己的朋友，带她进入自己的朋友圈。否则，他的社交生活中心就会游离于家庭之外。孩子应当了解，家庭只是社会的一部分，家庭之外也有可信赖的人和朋友。这一点非常重要。

如果父亲与自己的父母、兄弟姊妹相处得好，说明他有着很强的合作能力。当然，他必须离开原生家庭独立生活，但这并不意味着他厌弃自己的亲人，互不来往。如果夫妻双方都依赖自己的父母，他们就会夸大自己与各自原生家庭的联系。提到"家"时，他们说的还是自己父母的家。始终以自己的父母为家庭中心，所以他们根本不可能建立真正属于自己的家庭。这个问题涉及每位涉事人员的合作能力。有时候是丈夫的父母善妒，想要全面把控儿子的生活，新家庭也因此难以发展。妻子觉得自己没有得到足够的尊重，恼怒丈夫的父母干预自己的家庭。这种事尤其会发生在男人违背父母意愿娶亲的情况下。父母或对或错，这并不紧要。如果不满意，婚前大可提出反对意见，但木已成舟，父母能做的事便只有尽心竭力确保婚姻继续走下去了。如果家庭差异无法避免，丈夫应该理解其中的难处，不要因此而担心。他应当把父母的反对视为错误，并尽力证明自己是正确的。丈夫和妻子都不必屈从父母的意愿。当然，如果能够合作，妻子觉得丈夫的父母并非只考虑他们自己，也顾及她的幸福和利益，那么事情解决起来就容易多了。

解决职业问题，是人们对于父亲的最大期许，也是他的主要功能。父亲必须接受职业训练，能够自食其力，养活家人。在这个过程中，他需要得到妻子的帮助，也许日后还需要孩子们的援助。在当今的文化中，经济重任往往落在男人的肩上。解决这一问题意味着他必须工作，必须充满勇气。他必须理解自己的职业，了解其利弊。他必须能够在工作中与人合作，得到他人的好评。然而，这种事的意义还远不止于此。父亲正通过自己的态度告诉孩子们应该如何面对职业问题，因此他应该了解成功解决这一问题的必然方式——做有益于全人类的工作，为人类的福祉做出贡献。然而，他怎样看待自己的工作的有用性并不那么重要，重要的是，他的工作可以有所贡献。我们不必听他说了什么。如果他觉得自己是利己主义者，那么虽然这的确有点让人遗憾，但只要他的工作能为人类谋幸福，倒也无伤大雅。

我们现在来看看爱情问题——结婚，建立幸福、有益社会的家庭。丈夫首先要关心自己的妻子，当然，一个人是否关心另一个人是显而易见的事情。只有关心妻子，丈夫才会关心妻子关心的事，自发地希望她得到幸福。喜爱并不代表关心，喜爱的意思太宽泛，不足以证明家庭幸福。丈夫与妻子还应志同道合，要努力让她过上更安适、更充实的生活。妻子快乐，他才会快乐。只有夫妻双方都愿意放下自身利益，把共同幸福摆在更重要的位置，他们才能真正地实现合作。夫妻双方都应该将对方摆在首位。

丈夫不应在孩子面前过分流露对妻子的情感。诚然，夫妻感情不能与亲子之情相提并论，它们完全是两码事，并非此消彼长。但是，父母之间爱意汹涌，孩子会觉得无立足之地。他们会心生妒忌，蓄意制造争端。性伴侣关系不应被如此不严肃地对待。同样，解答性问题时，应该由父亲告诉儿子，母亲告诉女儿。而且，父母不应说得过多，孩子想了解什么就告诉他们什么，只把这个发展阶段可以理解的内容告知他们就行了。我认为，如今大人教给孩子的性知识太多了，超出了他们的理解能力，甚至激起了不必要的兴趣和情绪。这样一来，性问题反而被弱化了，显得无足轻重。这似乎有些矫枉过正，并不比以前骗他们、隐瞒性方面的知识更好。我们最好能够知道孩子想要了解什么，并如实回答他们的问题，切忌站在我们自己的立场，强行灌输一些我们觉得他们应该了解的内容。我们应该让他们相信，我们正与他们合作，希望能够帮助他们找出问题的答案。也只有这样做，我们才不会犯下大错。顺便说一句，有的父母担心孩子会听小伙伴胡言乱语，这种担心实在是杞人忧天。一个具有合作精神又独立的孩子，不会随便听信朋友的话。何况在这些问题上，小孩子往往比长辈更小心。只要孩子不愿听信错误观点，又怎会出现"道听途说"的情况！

在当今社会，男人有许多机会参与社会生活，了解社会体系的利弊，了解本国和世界各国的道德关系。他们的活动范围比女人更广。这是一件不幸的事，并因此抬高了男人在家庭中的角色。他们是妻儿的顾问，是他们解决问题的向导。然而，男人不应该吹嘘自己经验丰富，并从中谋取不正当的权益。他不是家中的导师，相反，为了避免阻抗，他应该像朋友一样给出建议，也应该为自己的意见得到赞同而高兴。如果妻子不习惯合作，拒绝了他的建议，他就不应该再坚持自己的观点，更不应该摆出权威的架子。这时候，他应该好好想办法消除这种阻抗。非要争个你输我赢实非明智之举。

夫妻之间不应过分强调钱的问题，也不要为此争吵。女人挣不了钱本身就很敏感，再指责她们铺张浪费，她们会很受伤害。经济问题也应该用合作的方式来解决，量入为出。妻子和孩子用钱大手大脚，超出了丈夫的承受能力，这不可原谅。一开始，双方就应该在开支问题上达成协议，避免有人觉得自己受了施舍或受了委屈。作为父亲，男人应当明白，金钱不是一切，不能够撑起孩子的未来。我曾经读到过一本美国人写的小册子，很有趣。书中描述了一位富人，他出身贫寒，因此希望自己的后代不再遭受贫穷之苦。他找到一名律师，询问他应该怎么做。律师问他想保几代人生活无虞。他回答说十代。

"没有问题，"律师回答道，"但你知道吗，到了第十代，每个人身上都流着五百个祖先的血？每个人都有五百个祖先，他们都有权声称某个人是自己的家人。你还认他是你的后代吗？"

这个例子也说明了另一个道理：为子孙后代造福便是为整个社会作贡献。我们与同胞的这种联系是分不开的！

家庭中没有权威才能真正实现合作。在教育子女的问题上，父母必须共同协作，达成一致。最重要的是，父母不能偏心。偏心的危害再怎么强调都不为过。童年遭受的挫败几乎都源于觉得自己不如他人受宠。这种感觉有时不一定正确，但是，只要父母做到一视同仁，这种感觉应该不会继续发展下去。重男轻女，女孩的自卑情绪自然难免。孩子非常敏感。就算是好孩子，也会因为怀疑其他孩子更受宠而走上歧途。当然，面对发展更好、更可爱的孩子，我们很难做到不偏心。父母应当老练一些，巧妙地避免表现出自己的偏心。否则，发展更好的孩子会给其他孩子蒙上阴影。他们会沮丧，会嫉妒，会怀疑自己的能力，合作能力也会受挫。父母仅仅嘴上说不偏心还不够，他们还必须观察孩子是否心存疑虑，认为父母更偏爱兄弟姊妹中的某一个。

现在，我们来看看家庭中另一种很重要的合作：孩子之间的合作。孩子们觉得不平等，就无法准备充分地投身社会；男女感觉到不平等，两性关系就会出现大问题。许多人都会问："为什么来自同一家庭的孩子区别这么大呢？"一些科学家试图用遗传差异来解释这个问题，但我们看到，这种看法是盲目的。我们可以把孩子比喻成小树。许多小树一起成长，每棵树的情况都不尽相同。有的树因为吸收了更多光照、吸收了更多土壤养分而长得更快。它的生长会影响到其他树，挡住其他树的阳光，也因为根伸得更远而抢走了其他树的养分。其他树因此发育不良，长得又矮又小。生活在同一家庭中的孩子也是如此，如果某个孩子太突出，上述情况就会出现。

我们说过，每个家庭成员都是平等的，父母不应该在家庭中表现得高高在上。父亲才华横溢，是个成功人士，孩子们会产生望尘莫及之感。他们会因此灰心丧气，人生兴趣受阻。正是因为这个原因，父母声名显赫，子女却多不成器，令父母和社会失望。这些孩子看不到超越父母的希望。因此，就算父母事业有成，也不应在家中过度强调自己的成功，否则孩子的发展就会受阻。

孩子之间也是如此。发展特别好的孩子会得到更多关注，受人偏爱。这对他来说是一件好事，但其他孩子却会觉得不公，产生怨恨。每个人都厌恶低人一等的感觉，因此而产生愤怒。表现突出的孩子会毁了其他孩子。毫不夸张地说，其他孩子会在成长的过程中备受折磨，产生精神饥饿感。这种痛苦源源不断，虽可激励他们不断追求优越感，但极有可能引导他们误入歧途，因为他们选择的方向并不现实，也无益于社会。

个体心理学通过研究孩子的出生顺序的利弊开拓了一片沃土。在假设父母合作良好、孩子训练到位的情况下，出生顺序的不同会带来巨大差异，造成每个孩子的成长情况有所不同。我们必须再次强调，家中每个孩子的处境不尽相同，因此，每个孩子都会调整自己以适应这种特殊情况，而他适应的结果也将呈现在其人生格调之中。

对于长子（女）而言，他们都曾是家中唯一的孩子。忽然，另一个孩子降生了，他们不得不适应这种新情况。作为第一个出生的孩子，他们曾经备受关注，万千宠爱集于一身。他们已习惯做家中的焦点。忽然间，他们的地位不保，他们一点心理准备也没有。另一个孩子出生了，他们不再是家里唯一的孩子。现在，他们有了竞争对手，有人要和他们抢夺父母的关注。这一变化在他们身上打下了深刻的烙印。我们看到，问题儿童、神经症患者、罪犯、酗酒者、性倒错者的问题就是在这时出现的。他们中的很多人都是家中的长子（女），因为另一个孩子的出生深受打击。这种剥夺感印刻在他们的整个人生格调之中。

后面出生的孩子也会遇到这样的事，但他们的感觉不会如此强烈。他们早就体验过与其他孩子共存的感受，从来都不是唯一的考虑和照顾对象。对于长子（女）来说，这种变化可谓翻天覆地。如果他们因为另一个孩子的出生受到忽略，我们不可能期望他们能够泰然处之。就算他们怀恨在心，我们也不能加以责备。当然，危机是可以化解的，但前提是他们能够确信父母仍然爱他们，他们是安全的。最重要的是，他们对弟弟妹妹的到来有充足的准备，懂得要和父母一起照顾他们。但是，在通常情况下，他们并无心理准备。新生婴儿的确会吸引父母的注意，夺走父母的爱和欣赏。这时，他们就会想把母亲夺回来，重获关注。事实上，我们的确会看到母亲受到这样的拉扯。两个孩子你争我夺，都想得到更多关注。长子（女）可以动用武力，花样也更多。我们可以理解他们在这种情况下的所作所为。如果换作我们自己，我们大概也会这样做，朝着同样的目标努力。我们也会与母亲斗争，让她担心，想方设法地引起她的注意。但最终，结果往往事与愿违。他们无所不用其极地争取，母亲厌倦了他们制造的麻烦，耗尽了耐心。现在，他们真正尝到了被抛弃的滋味。这是一个恶性循环：他们感到自己受忽视，于是采取行动，想要引起注意，但这些行动却适得其反，引起了家人的反感。如此一来，他们又为自己的行为找到了合理的理由。

"我果然没有猜错！"他们想。

其他人都是错了，他们才是对的。这就像一个陷阱，他们越是挣扎，越往下陷。他们的看法不断地得到证实，发生的一切都可以证明他们的正确性。那么，他们为什么要放弃斗争呢？

但凡涉及这种病例，我们都必须研究个体的情况。母亲反击只会火上浇油，引得孩子肆意妄为，满腹牢骚，一意孤行。因为与母亲作对，他们常常会把注意力转向父亲，想从父亲那里得到旧梦重温的机会。他们对父亲来了兴趣，想要获得他的关注，赢得他的爱。长子（女）常常更喜欢父亲，偏向父亲一边。我们可以确定，喜欢父亲的孩子处于第二阶段：最初，他们都更依恋母亲，但现在已不再那么爱她，转而把自己的感情寄托在父亲身上。这是对母亲的谴责。我们应该想到，偏爱父亲的孩子一定遭受过"不幸"。他们觉得自己受到忽视，无人理睬，并对此耿耿于怀。他们的整个人生格调都会建立在这种感觉之上。

这种争斗会持续很长时间，有时甚至会延续一生。孩子已经习惯了斗争和反抗，不管遇到何种情况，他们都会采取这种反应模式。他们也许无法赢得任何人的关注，很绝望，觉得自己不能再得到别人的爱。我们发现，这种人爱发牢骚、保守，无法与他人打成一片。他们让自己被孤立。所有的行为和表现都指向过去，因为那时候的他们还是关注的焦点。因为这个原因，长子（女）常常会对过去很感兴趣。他们喜欢回忆过去，谈论过去。他们崇尚过去，对未来持悲观态度。那些失去权力、失去小王国的孩子们，更懂得权力和权威的重要性。长大之后，他们喜欢摆出权威架子，也会夸大规则的重要性。在他们眼中，一切都必须按规定来做，规则不可改变，权力也应该掌握在那些有资格享有权力的人手上。我们应该理解，童年的这种影响会导致严重的保守主义倾向。个体处于有利地位，自然会疑神疑鬼，担心遭人暗算，被取而代之。

长子（女）位置特别，面对的问题也特殊。但是，这个问题能够得到妥善解决。如果能在弟弟妹妹出生前开始接受训练，懂得合作，他们就不会受到伤害了。我们的确也见过许多懂得努力去保护他人、帮助他人的长子（女）。他们会模仿父母，像父母一样照顾弟弟妹妹，教育他们，觉得自己应当对弟妹的幸福负责。他们之中也有组织能力非常强的人。这些都是好事，但要注意克服走极端的情况，切忌不要以保护之名去控制他人，妄图让他人依附自己。据我在欧洲和美国的观察，绝大多数问题儿童都是长子或长女，其次是幼子或幼女。这的确很有意思：他们或长或幼，要么年龄最大，要么年龄最小，出现问题的概率最高。看来，我们的教育尚不能很好地解决长子（女）的麻烦。

次子（女）的位置完全不同，他们的情况也与其他孩子不同。从出生起，他们就必须和另一个孩子分享关注，因此，他们比长子（女）要更懂合作。他们所处的圈子更大、人更多。如果哥哥姐姐不针对他们、推开他们，他们的处境还算不错。与众不同，是他们这个位置最重要的特点。在整个童年阶段，他们都有领路人。无论在年龄上还是发育上，总有一个孩子走在他们前面。他们受到鼓舞，想要努力迎头赶上。次子（女）很典型，很容易辨认。他们看起来像参加竞赛之人，对手就在前方不远处，他们必须奋起直追，超越其他人。他们总是精力充沛。他们不断训练，希望可以超越哥哥姐姐，战胜他们。

《圣经》里的许多故事都暗示过这种心理迹象，雅各[①]就是典型的次子形象。他想要成为老大，取代以扫的位置，战胜他，超越他。次子常常会被落后、艰难追赶他人的感觉激怒。在通常情况下，他们都会取得胜利。次子（女）往往比长子（女）更能干、更成功。在这里，我们同样不能把次子（女）的发展归因于遗传。他们的发展速度更快源于训练更勤奋。在长大离家后，他们也常常会不自觉地寻找领路人。他们会找到一个身居上位的人，与他较劲并努力超越他。

---

① 以扫和雅各是一对孪生兄弟，但两人个性有很大的差别。以扫看轻长子位置，雅各一直想取而代之。

　　这些特征不仅仅表现在日常生活中，它们呈现在人格的所有表现形式中，梦中也不乏它们的痕迹。比如长子（女）会经常梦见从高处掉下来。他们年龄最长，却有高处不胜寒的感觉。另一方面，次子（女）则常常梦见自己在比赛。他们要么追着火车跑，要么在参加自行车比赛。在梦中，他们总是不停追赶。凭借这些梦，猜出孰长孰次并不难。

　　然而，我们必须说，规律不是绝对的。不是长子（女）的儿童也可能表现出长子（女）的特质。出生顺序并非唯一的影响因素。在一个大家庭中，后出生的孩子也可能产生长子（女）的体验。比如，第一个孩子和第二个孩子相继出生，但隔了很长一段时间，第三个孩子才出生。随后不久，第四、第五个孩子又出生了。在这种情况下，第三个出生的孩子就可能表现出长子（女）的特点。同样，直到第四或第五个孩子出生后，家中才有孩子表现出典型的次子（女）特点。如果两个年龄相近的孩子一起长大，又与其他孩子间隔较开，这两个孩身上也会呈现出长子（女）和次子（女）的特点。

　　长子（女）输了比赛后会制造麻烦。如果他们能保住自己的位置，赢了紧随其后的那一位，就论到次子（女）制造麻烦了。如果家中为长子次女的情况，长子的处境会更艰难，因为他面临着被女孩打败的危险。就世俗的眼光看，这太丢脸了！男孩与女孩之间的关系比男孩与男孩或女孩与女孩之间的关系更剑拔弩张。女孩具有先天优势。在十六岁之前，她们的身心发育都比男孩更快。如此一来，哥哥只能缴械投降，并因此懒懒散散、心灰意冷。有时，他们会转而挖空心思，寻求不正当的获胜手段，比如，自吹自擂，也可能谎话连篇。我们几乎可以肯定，在这种情况下获胜的都是女孩。他们形成了鲜明对比：男孩错误不断，女孩则轻松应对各种问题，进步惊人。当然，这种情况可以避免，但我们必须预先认识到这种危险，未雨绸缪。家人团结一致，平等相处，具有合作精神，不良后果才可以避免。毕竟，在这样的家庭中，孩子不用担心有敌人，自然也不会花时间去斗争了。

其他孩子都有弟弟妹妹紧随其后，都可能被后来者赶上，但幼子（女）没有这样的担心，他们的地位是稳固的。对于幼子（女）来说，没有弟弟妹妹和他们争宠，家里其他的孩子都比他们大，他们是全家人的宝贝，也是最得宠的一个。因此，他们的问题是娇生惯养。但是，由于竞争者众多，他们也会大受激励，所以幼子（女）常常会成为兄弟姐妹中发展最好、进步最快的一个。自古以来，幼子（女）的地位从来没有变过，远古的故事中就多有提到幼子（女）超越哥哥姐姐的事。《圣经》中的胜利者也多为幼子。约瑟①在兄弟中的位置就类似幼子，虽然后面还有一个小他十七岁的便雅悯，但他们年龄相差太大，后者对他根本不足以构成影响。约瑟的人生格调完全吻合幼子的人生格调。他总是强调自己的优越性，甚至梦到人们对他卑躬屈膝，笼罩在他

_____

① 约瑟和后面提到的便雅悯都是《圣经》中的人物，雅各之子。

的光芒之中。哥哥们明白这些梦的含义。大家朝夕相处，他的态度再清楚不过了。哥哥们也能感觉到约瑟梦中唤起的情绪情感。他们感到很害怕，想要除掉他。然而，约瑟最终还是后来者居上，成了一家之主、家中的顶梁柱。幼子（女）常常会成为家中的顶梁柱，这一点并不意外。幼子掌权的故事也很多。事实上，他们所处的位置非常有利，父母兄长都是其帮手，激发他们雄心壮志的因素也颇多，而且身为家中最小的孩子，他们毫无后顾之忧，不会因此而分心。

尽管如此，幼子（女）在问题儿童中的比例仅次于长子（女），排第二。究其原因，这主要源于家庭的溺爱。受溺爱的孩子不可能独立。他们缺乏独自拼搏、争取胜利的勇气。幼子（女）争强好胜，但这种争强好胜却常常与他们的懒惰形成鲜明的对比。懒惰是好胜与缺乏勇气共同作用的结果，雄心太盛自然看不到实现的希望。他们有时说不出具体目标何在，那是因为他们想把所有事情都做到最好，他们想要成为不受限制、独具一格的人。反之，我们也就可以理解这些幼子幼女其实有多自卑了！毕竟，家中每个人都比他们年长，比他们强壮，阅历也比他们更丰富。

独生子女也有自己的问题。虽然没有兄弟姊妹，但竞争对手还是存在的。这个竞争对手就是父亲。独生子受母亲宠爱，母亲也害怕失去他，一直关注着他，他也因此有所谓的"恋母情结"。他想推开父亲，与母亲形影不离。要防止这种问题，同样必须依靠父母协作，让孩子把兴趣放在父母双方身上。遗憾的是，在大多数情况下，父亲并不如母亲关注孩子。长子（女）的某些情况类似于独生子女，他们也想要战胜父亲，而且喜欢比自己年长的人。在通常情况下，独生子女十分惧怕父母再要孩子。家中的朋友会说"有个弟弟妹妹多好啊"，但他们非常讨厌这种情况发生。他们想一直成为关注焦点。他们觉得这是自己的权利，自己的地位受到威胁是极不公平的事。日后，一旦不再受到关注，他们就会面临许多麻烦。生活在胆小怕事的氛围中，是独生子女成长中的另一个问题。父母因为器质性原因不能再生育，这是无能为力的事。我们只能尽力帮助他们处理独生子女存在的问题了。然而，有些父母有能力再生育，但由于胆小悲观，觉得无力养活多个孩子，他们不愿再生。整个氛围充满了焦虑，孩子也不好受。

如果几个孩子出生时间间隔长，每个孩子都可能沾染上独生子女的毛病。这种情况不容乐观。人们常常问我："您认为孩子最好间隔多长时间出生？是近一些好，还是远一些好？"就我的经验而言，我觉得间隔三年左右最佳。弟弟妹妹出生时，三岁的孩子已经懂得合作了，他能够理解家里不止他一个孩子。如果他只有一两岁，我们便不能和他讨论这个问题，他也不能理解我们的想法，没有办法做好充分的心理准备。

在家里都是女孩、只有一个男孩的家庭中，男孩的日子会很难过。大多数时候，父亲都不在家，他被女人团团围住，只能见到母亲、姊妹和家里的女佣。他很孤独，觉得自己与她们不一样。如果所有女人联合起来攻击他，情况就更糟了。女人们觉得有义务教育他，或者想打击他作为男性的嚣张气焰。如果他是长子，面临着被女孩超越的危险；如果他是幼子，大家又会把他当成宠物。但最糟的情况，还数位次居中。他上有姐姐，下有妹妹，真是两头受阻。在女孩堆里长大的男孩实在不讨人喜欢！想要解决这个问题，我们必须让孩子们一起参与社交生活，让他结交其他孩子。否则，生活在女孩堆里，他也会变得像女孩。女人成群的环境，不同于有男有女的环境氛围。比如，女性居住的地方通常更整洁有序，颜色也经过精挑细选。相反，男人居住的地方通常不那么整洁，要粗糙、嘈杂得多，家具也破旧不堪。生活在女孩堆里，男孩会渐渐习惯女性的品位，也会习惯用女人的眼光看待生活。

他也可能厌恶这种氛围，激烈抵抗，突显自己的男性气质。他时刻保持警惕，不想被女人控制。他觉得必须彰显自己的不同和优越感。如此一来，张力就会一直存在。他会走向两个极端，要么十分强硬，要么十分软弱。这种情况值得好好研究，不是每天都能遇到的，但在详述这种情况之前，我们必须查阅更多案例资料。与此类似，生活在男性丛中的女孩也很容易发展出极端的女性或男性特点。在通常情况下，她们将终身生活在不安全感和无望感之中。

在研究成年人的过程中，我发现，童年早期的记忆一直印刻在他们脑海中，挥之不去。家庭地位会对人生格调产生不可磨灭的影响。成长中的问题都是家庭竞争和缺少合作造成的。放眼看看我们的社会，看看比拼和竞争，我们会发现每个人都想成为胜利者，都想战胜和超越他人。这一目标是童年早期训练的结果。那些在家中感觉不到平等的儿童想要借此一搏，因此，想要消除这些弊端，必须培养儿童的合作精神。

第七章

学校影响

学校是家庭的延伸。学校教育不可或缺，因为父母尚不能完全承担培养孩子的任务，让他们具备恰当解决人生问题的能力。过去，孩子几乎都在家中受训。工匠手艺代代相传，技艺和经验都在自家作坊里传承。然而，如今文化对我们提出了更复杂的要求，学校教育成为必需，它接过家庭教育的接力棒，减轻了父母的负担。社会成员需要接受更高水平的教育，家庭教育已鞭长莫及了。

欧洲的学校教育经历了许多阶段。美国学校虽未经过这一发展过程，但其中残留的特权传统仍时时可见。在欧洲，最初有资格去学校接受教育的只有王子和贵族。他们是社会中的上层阶级，唯一有价值的人群。其他人只需安分守己，不该抱任何妄想。后来，社会限制不再那么严格，宗教机构也开始开办学校，一些优秀个体才得以学习宗教、艺术和科学知识，接受职业培训。

随着工业技术的发展，这些教育方式已经不能满足需求。为使更多人接受教育，人们展开了旷日持久的斗争。村镇中的学校校长通常是鞋匠或裁缝，他们手握棍子进行教学，但教学效果却不如人意。人们只能在宗教学校和大学里学到艺术和科学，皇室中也不乏目不识丁者。时过境迁，工人们也需要掌握读写技能，会计算和画画，于是，我们熟知的公立学校被创办了起来。

然而，这些学校都是按照政府理念建立的，政府的目的是为了培养听话的臣民，训练能征善战的士兵，满足上层阶级的利益。学校的课程也围绕着这些目的设置。我至今记得，奥地利的教育目的就是培养听话的非特权阶层，教会他们做好自己的本职工作。后来，随着时间的推移，工人阶级越来越强大，自由呼声也越来越高，这种教育的缺陷日渐暴露。公立学校顺应了发展需求，形成了现代教育模式。现在，教会孩子独立思考，通晓文学、艺术和科学知识，分享人类文化，并为之做出贡献，已成为普遍的教育理念。我们让孩子接受教育，不再仅仅是为了培养他们的谋生能力，让他们在工业体系中占有一席之地。我们需要志同道合的人，平等、独立、负责任的合作者，希望他们能一起参与到文化建设中来。

事实上，那些主张进行教育改革的人都在有意无意地探寻提高社会合作水平的方法，比如，品德教育的目的就在于此。如果从这个角度理解它，这个要求显然是恰当的。然而，总的来说，人们对教育的目的和技巧的理解并不透彻。我们所找的老师，不仅需要培养孩子的谋生能力，而且还要教会他们为人类谋福利。老师必须认识到这一使命的重要性，也要接受训练以实现它。品德教育仍在实验阶段。我们不必考虑法院，因为迄今为止，它们都没能正儿八经地对个体进行过品德教育。即使在学校里，结果也不如人意。在家中，孩子已经形成了一些错误观念，来到学校之后，尽管接受了教诲和道德劝诫，他们的错误观念还是丝毫无减。因此，我们唯一能做的是提高老师的理解能力，让他们帮助学生健康成长。

这是我的工作中非常重要的一部分。我相信，维也纳的学校在这方面走在了其他学校的前面。其他地方的精神科医生也会走访学校，就学生们的发展给出建议，但是，如果老师不赞同这些建议，不理解如何执行，这些建议实际上毫无用处。精神科医生一周来一至两次，甚至每天都来，但他并不了解这个学生的处境，也不知道这个学生在家庭和学校受到的影响，所以治疗根本不会起效。他诊断说这个学生需要加强营养，应该接受甲状腺治疗，也许还会给一些个人治疗建议，但老师无从了解处方的作用，也没有这方面的经验。如果不了解学生的品性，他什么也做不了。这时，我们需要精神科医生和老师之间保持密切合作。老师必须了解精神科医生的目的和方式，积极与他讨论，并有能力在医生离开后继续解决问题。如果出现意料之外的情况，不管精神科医生是否在场，老师都应该知道如何处理。要做到这一点，最实用的方法是成立咨询中心，我们在维也纳就是这样做的。具体的实施方式我将在本书的最后一章中介绍。

儿童初入学校，在社交生活上面临新考验，发展中的错误也会在这一考验中暴露出来。现在，他们需要在更为广阔的领域中与更多人合作，但那些在家娇生惯养的人可能并不愿意离开自己的庇护所，与其他同学打成一片。从跨进学校的第一天开始，娇生惯养的儿童就表现出社会情感方面的局限。他们大哭大闹着要回家，对学校和老师没有兴趣。他们不会听别人说话，整日都只想着自己。毫无疑问，如果一心只想着自己，他们在学校里的表现必定不佳。我常常听父母说，孩子在家好好的，一到学校问题就来了。我们可以推断，这个孩子在家中地位特别高。家中没有考核，发展中的错误也不会表现出来。他进入学校后，没有人再惯着他，他会因此感到挫败。

有这样一个学生，自入学的第一天起，就一味嘲笑老师说的话。他对学业毫无兴趣，大家也都觉得他有智力缺陷。见面时，我问他说："你能告诉我为什么总在学校里嘲笑别人吗？"他回答："学校本就是爸爸妈妈开的一个玩笑啊！他们把我送到学校，就是为了戏弄我！"他在家里常常被取笑，因此，无论去到哪里，他都觉得有人会嘲笑他。我告诉他，他自尊心很强，没有人整天想着取笑他。后来，他渐渐把注意力转到了学习上，取得了很大进步。

老师应该注意到学生的问题，也应该纠正父母的错误。老师发现，懂得关心家人的学生，也能够更好地适应广泛的社会生活。有的学生无法做到这一点，在遇到难题时，他们要么犹豫不决，要么退缩不前。成绩落后的学生并不一定都存在智力问题，他们只是无法面对问题，无法调整自己去适应社会生活罢了。这时，他们需要老师的帮助。老师所处的位置极佳，正好可以帮助他们面对新情况中出现的问题。

那么，老师应该怎样帮助他们呢？老师应该像妈妈一样，与学生建立联结，吸引学生的注意力。学生在以后所做的一切调整都取决于对老师的兴趣。严厉或惩罚，并不是吸引学生注意的好办法。他们来到学校，发现自己难与老师和其他孩子相处，这时候再去挑剔他们，责备他们，无异于雪上加霜。这种方式只能让他们更讨厌学校。如果是我，总在学校受责备，也不会对老师产生兴趣啊！我大概也会另谋出路，不愿去学校了吧！正是因为这种人为的因素，学校变成了令人不快的地方，学生们开始逃学。人们把他们当作坏学生，认为他们蠢笨，不好对付。他们其实并不笨。说起找借口逃学、模仿父母的笔迹签字，他们可谓足智多谋。出了校门，他们遇到其他逃学者，彼此气味相投，惺惺相惜，比在学校里舒服多了。这样一来，他们不再对学校感兴趣，犯罪团伙中倒有他们的一席之地，他们可以在那里证明自己的价值。那些无法融入学校的学生正这样一步一步走上犯罪道路。

想要吸引学生的注意，老师必须了解他们以前的兴趣点，并让他们相信自己可以在这方面取得成就，并且如果他们有其他方面的兴趣，也可获得成功。一旦学生有了信心，激发他们在其他方面的自信就容易多了。因此，从一开始，我们就要发现这个学生看待世界的方式，了解他最关注哪种感官，把它们训练得尤为灵敏。一些学生特别爱观察，一些特别爱聆听，另一些特别关注动作。视觉型儿童容易对使用眼睛的学科感兴趣，如地理或绘画。在这种情况下，如果老师长篇大论地讲，那么他们会根本听不进去。他们实在不习惯调动听觉。无法发挥视觉优势，这些学生就会落后。在这种情况下，我们当然不能想当然地认为他们缺乏能力和天赋，并把这一切归咎于遗传。如果非要说有错，错就错在老师和家长没有找到正确方法，诱导学生产生兴趣。我并非提倡儿童教育特殊化，但是，能够借助学生的兴趣来培养其他方面的兴趣，何乐而不为呢？如今，一些学校已经开始采用调动学生各种感官的授课方式，比如，将模型或绘画练习融入课程。这种方式值得大力提倡，进一步推广。好的教学方法应该能够融入生活，让学生们体会到教育的目的，看到所学的内容具有实践价值。授之以鱼（学科知识）还是授之以渔（思考方式），是人们常常提到的问题。在我看来，这个问题太极端了，这两者其实并不矛盾，应该把它们结合起来。比如，学了数学这门学科，学生自然能够解决建造房子需要多少木材、里面可以住多少人等一系列问题了。一些学科易于结合起来教学，行家里手常常可以将教学内容和日常生活联系起来。比如，老师可以一边与学生散步，一边观察他们对什么最感兴趣。如果路边恰巧有植物，他还可以教学生认识植物的构造，告诉他们这些植物的进化过程和用处。他也可以借机教他们了解气候影响、本国的地理状况，了解人类历史以及生活的方方面面。当然，这一切必须以老师关爱学生为前提。没有这一前提，教育根本无从谈起。

　　在当前的教育体制之下，我们发现，学生从踏进校门就抱着一种竞争而非合作的态度。竞争训练贯穿了他们的整个学习生涯。对他们来说，这不啻为一场灾难。无论领先或落后，它所引发的灾难性后果并无二质。在这两种情况下，学生们关注的都只有自己。他们一心为自己争取，不会把奉献设定为自己的目标，也不会去帮助别人。家庭是一个单位，家庭中的每个成员都是平等的，同样，在学校里，情况也应如此。只有了解这一点，学生们才会彼此关心，享受合作。我看过许多"困难"儿童，他们的态度都在开始关心同伴、开始懂得与同伴合作之后发生了翻天覆地的变化。

　　在此，我要特别提到一个孩子。这个孩子生活在一个充满敌意的家庭中。到了学校之后，他觉得学校里的每个人也都敌视他。因为他学习成绩很差，父母常常惩罚他。这种情况相当普遍：孩子成绩不好，在学校受老师责备，回家后，父母再次惩罚他。这样的经历，一次已够令人沮丧了，两次就太可怕了！难怪学生们无法进步，还扰乱课堂纪律。庆幸的是，一位老师明白问题出在哪里。他向班上其他学生解释了这个男孩的情况，号召大家帮助他，让他感受到大家的友善。最后，这个男孩发生了很大的变化，进步惊人。

　　有时，人们会质疑能否通过这种方式教会儿童彼此理解，彼此帮助，而经验告诉我，儿童的理解力常常强于他们的长辈。曾经有一个母亲带着她的两个孩子来找我，女孩两岁，男孩三岁。

小女孩爬到桌子上，把母亲吓坏了。她急得无法动弹，只一个劲儿地大叫："快下来！快下来！"但小女孩根本不听她的话。这时，三岁的哥哥说道："那你就待在那里吧！"小女孩立马下来了。看，比起母亲，他更了解妹妹，知道该怎么做。

说起增强班级的团结和合作，人们经常得到的建议是让学生自己管理班级事务。但是，在进行这种尝试时，我觉得要谨慎行事，需要挑选老师引导，也要确定学生们是否做好了充分的准备。否则，我们会看到，学生们其实并不那么热衷于自我管理，他们会认为那是一个游戏。他们要么比老师更严格，要么只想到自身利益，无谓地争吵，彼此抱怨，只想着争取优势地位。因此，从一开始，这方面就需要老师来建议，来监管。

要想知道学生的智力发展水平、性格和社会行为，这样或那样的测试不可避免。的确，智力测验等测试有时能够拯救学生。比如，老师想让一个表现不佳的学生留级，但智力测验却显示他智力超群，应该跳级。然而，我们应该认识到，我们无法预测儿童未来发展的可能性，测试出的智商值只能帮助我们了解儿童的困难，让我们找到方法战胜它们。就我的经验而论，只要找对方法，正常值范围内的智商值，是可以改变的。那些经常做智力测验题的儿童，已经找到了窍门。他们测出的智商值越来越高。因此，智商不是不变的，不应当成为儿童未来发展的限制。

我们不应把学生的智商值告诉他们或他们的父母，因为他们不知道测验的目的，会把这些分数当作最终判断。教育中最大的难题，并不在于儿童的局限，而来源于他们自认不足的地方。如果知道自己的智力测试分数不高，他们可能会感到绝望，认为自己根本不可能成功。在教育中，我们应该着重增强儿童的勇气，提升他们的兴趣，消除他们通过诠释人生为自身设定的限制。

　　学习成绩单的情况大致相同。老师本是好意，想通过压低分数激励学生努力。然而，由于父母严厉，他们不敢上交成绩单，于是他们要么不敢回家，要么篡改分数。有的学生甚至会选择自杀。因此，老师应该想一想这样做的后果。老师虽然无法负责学生的家庭生活，也无法控制家庭对他们的影响，但是他们必须将这一因素纳入考虑之中。父母对孩子期望高，他们带这样的成绩单回家很可能会受责骂。老师温和一些，慈爱一些，孩子才有继续前行的勇气，才能取得成功。如果学生成绩差，每个人都视他为班上的劣等生，久而久之，他也会这样看待自己，并认为这种情况无法改变。然而，再差的学生也可能取得进步，即使在名人中，这样的例子也不胜枚举。后进生的确可以重拾勇气，重获兴趣，取得巨大的成就。

　　有趣的是，即使不依靠成绩单，学生们也可以很好地判断其他同学的能力。他们可以很好地分门别类，判断出谁的算术好，谁的拼读好，谁的绘画好，谁的体育好。然而，轮到判断自己时，他们却常常犯错，误以为自己永远无法超越前面的人。他们看到其他同学在自己前头，认为自己永远不可能赶得上。他们会把这种观点带入自己以后的生活中，甚至成年之后，他们也会盘算自己在人群中的位置，认定自己一定会保持在这个位置上。学校里的绝大多数学生，无论就读哪个年级，成绩几乎都保持在同一水平线上，也就是说，领先的一直领先，处于中游的一直处于中游，垫底的也一直垫底。我们不能把这一现象归因于天赋。它所呈现的是每个人为自己设置的限制、每个人的乐观程度以及活动范围。毕竟，班上垫底的学生发生巨变、取得令人惊叹的进步也是会有的事。因此，学生们应该认识到这样做的错误，不要给自己设限。老师和学生都不应该盲目地把成绩和进步归因于智力或遗传。

就教育中的错误而论，相信发展完全受制于遗传最为严重。这完全就是老师和父母推卸自身错误、不愿意努力的借口。他们也可以借此推脱影响孩子的责任。逃避责任是不对的，如果教育者将性格和智力发展都归因于遗传，我实在看不出他们还能奢望有何作为。教育者应该依靠自己的态度和努力去影响学生，切忌以遗传为由推卸责任。

当然，我这里所说的遗传并非身体上的，器质缺陷的遗传性毋庸置疑。我相信，只有个体心理学能够理解这类遗传缺陷对心理发展所产生的重要影响。体验到器质功能的缺失，学生会根据对自身缺失的判断来限定自己的发展。影响大脑的并非缺陷本身，而是学生对待这种缺陷的态度及后续的训练。因此，面对具有器质缺陷的学生，我们不应让他们觉得器质缺陷会造成智力缺陷和性格方面的不足。在前面的章节中，我们也看到，器质缺陷会成为限制发展的障碍，也可能成为激励因素，激发个体更努力、取得更大的成就。

最初，我给出这个结论时，许多人都控诉我不符合科学精神，说这些只是我的主观臆断，有违事实。然而，我的结论来自我多年的经验，而且支持这一结论的证据一直在稳步增加。现在，许多精神科医生和心理学家也开始接受这个观点，不再迷信性格因素来源于遗传——这种迷信已经存在好几千年了。每当人们不愿意承担责任、对人类行为持宿命论观点时，性格特质源于遗传的理论就会浮出水面。其最简单的形式，便是相信儿童出生时善恶已定。我们要证明它是无稽之谈相当容易，极想逃避责任之人都会持有这种观点。"善"或"恶"，与性格的其他表现形式一样，只在社会情境中才有意义。它们也是在人类社会环境里训练的结果，也暗含着"为人类造福"或"有违人类福祉"的判断。儿童出生之前说不上身处社会环境中。出生后，他既可能向"善"，也可能向"恶"。他选择的道路取决于自己从环境中、从他自己身体上获得的印象和感觉，以及他对于这些印象和感觉的诠释，尤其取决于他所受的教育。

心智能力的遗传性也是如此。遗憾的是，它的证据并不那么明显。影响心智能力发展的最重要因素是兴趣，而我们知道，兴趣受阻，并非因为遗传，而是因为缺乏勇气，害怕失败。毫无疑问，大脑结构从很大程度上说取决于遗传，但大脑只是工具，并非思想的源头。只要缺陷并非严重得无可补救，大脑完全可以接受训练，弥补这一缺陷。我们发现，人们能够获得了不起的能力，不是因为他们生来就与众不同，而是源于对自身的持续关注和长期训练。

有些家庭为社会输送了许多人才。尽管如此，我们也不能就此认定这是遗传作用的结果。相反，这源于家中成员提供的成功激励，家中具有遵循兴趣，通过练习和实践得到训练的传统。比如，虽然伟大的化学家李比希①是药店老板的儿子，但我们不能就此判断他在化学方面的能力源于遗传。我们要知道，他所处的环境为他追求兴趣敞开了方便的大门。在大多数孩子还懵懵懂懂、不知化学为何物时，他已经相当了解这门学科了。再比如，莫扎特的父母很喜欢音乐，但莫扎特的能力也并非仅靠遗传。为了让莫扎特爱上音乐，父母给了他极大的鼓励。从小时候开始，他就浸染在音乐氛围之中。由此，我们可以看到，这些杰出人士都是"早鸟"：他们要么四岁开始弹琴，要么从小就开始为家里人写故事。他们的兴趣萌生得早，一直持续了下来。他们的训练是自发而广泛的。他们一直满怀勇气，毫不犹豫，绝不退缩。

如果学生坚信自己发展受限，那么，老师就无法消除他们为自己设下的这些限制。告诉学生"你没有数学天赋"这种做法并不可取，它只会雪上加霜。我自己就有过这样的经历。过去，我曾是班上数学成绩最差的学生，我也肯定自己没有数学天分。然

---

① 1803—1873年，德国化学家，创立了有机化学，被称为"有机化学之父"。

而，有一天，我居然算出了一道连校长都没有算出来的题。这件事改变了我对数学的态度。以前，我对这门学科完全不感兴趣，但现在，我开始享受它，利用一切机会提升自己的数学水平。最终，我进入了数学优等生行列。这一经历的确让我对"个体有特殊天赋"和"能力是天生的"这些谬论有了新的认识。

就算班上人数众多，我们也可以观察到学生之间的差异。要更好地对待他们，我们必须了解他们各自的性格，知道他们的不同之处。然而，班上人数太多，肯定有其弊端。一些学生的问题会被掩盖，难以得到妥善处理。老师应该熟知每个学生的情况，否则他便很难确立兴趣，展开合作。我认为，少换老师大有帮助。在一些学校里，老师每六个月就换一次，这些老师根本没机会与学生长期相处，发现他们的问题，陪伴他们成长就更无从谈起了。如果老师能教三四年，他才有时间去发现学生的人生格调中的错误，并及时纠正它们。他也更容易将班级建设成一个具有合作精神的社会单位。

跳级对学生来说并非都是好事，有时学生常常背负着无法实现的期望。只有年龄实在太大或发展得比班上其他同学快得多时，我们才可以考虑让他跳级。我们说过，班集体是一个整体，因此，其中任何一名成员的成功对其他成员也有好处。班上有突出的学生，整个班级都可能受其影响，飞速进步。剥夺其他成员受激励的机会是不公平的。对于快进生，我的建议是，除去日常学业，他还可以参加一些活动，发展其他兴趣，比如画画。他在这些活动中的成功也会拓宽其他孩子的兴趣，激励他们进步。

学生留级很不幸。老师很容易把留级学生当成学校和家里制造麻烦的人。情况并非总是如此，留级学生中有一小部分也是不惹麻烦的。然而，绝大多数留级学生的确一直落后，麻烦不断。同学们都认为他们不好，他们也不看好自己的能力。这个问题不太好解决，而且当今学校里的确有留级的惯例。为了避免落后学生留级的情况，一些老师会利用假期训练他们，让他们认识到自己的人生格调中的错误。这种方式取得了一定的成效。在认识错误之后，这些学生能够很好地进入下一年级学习。事实上，这是唯一可以帮助后进生的方式。我们要让他们看到自己对自身能力评估的错误，让他们通过自己的努力取得进步。

我在快慢班中注意到一个很突出的现象。当然，我的经验主要来自欧洲，所以，我并不知道自己观察到的这种情况是否也适用于美国。我发现，慢班里的学生大多智力水平低下或家境贫困，而快班里的大多数学生家境比较富裕。这一现象似乎不难理解：贫困家庭的孩子入学准备多不充分。父母本就过得艰难，腾不出多少时间来教孩子，也根本不知道该怎样教育他们、帮助他们。然而，我并不认为入学准备不充分的学生就应该被安排进慢班。训练有素的老师知道如何弥补这种准备不足，这些学生也可以在与好学生的交往中有所收获。如果将他们安排在慢班，他们会耿耿于怀，而快班的学生也会看不起他们。快慢班是温床，它会让慢班生产生挫折感，也会让快班生产生优越感。

在原则上，我们提倡男女同校。这种方式很好，可以促进男女生之间的相互了解，让他们学会与异性合作。有人认为男女同校会引发许多问题，这种想法大错特错。男女同校的确会引起某一特殊问题。如果不能认识到这种特殊问题，并且把它当作问题来处理，男女同校所造成的男女差距的确会大过男女不同校的情况。比如，在十六岁之前，女孩比男孩发育更快。如果男孩不知道这个道理，他们很容易看轻自己。他们会因为不如女生而灰心失望。长大之后，因为总记起自己的失败，他们会害怕与异性竞争。老师赞成男女同校，也了解可能出现的问题，才能借此机会发现问题，解决问题。如果老师本身就对这种做法抱怀疑态度，也没有什么兴趣，我们还能指望他有所建树吗？

如果没有适当的训练和监管，性问题肯定会出现。学校的性教育问题非常复杂。课堂并非进行性教育的地方。当着全班的面，老师无从知晓是不是每个人都听懂了他说的话。他激起学生们的兴趣，却并不知道他们是否有充分的心理准备，也不知道他们如何将这些知识纳入自己的人生格调之中。当然，如果某位学生想了解更多，私下里问他，老师应该如实回答，以便有机会判断这个孩子真正想要知道的内容，帮助他找到正确的解决方法。然而，总在课堂上讨论性问题没有好处，一些学生定会产生误解。而且，把性问题当作无关紧要的话题来谈论，的确无益。

老师受过训练，了解学生，很容易区分学生的类型和人生格调的差异。学生的合作水平体现在姿势上，体现在他观察和倾听的方式中，体现在他与其他同学的亲密程度中，体现在他能否轻松交到朋友，能否集中注意力上。遇到老是忘了写作业、丢课本的学生，我们可以推断他对学习没有兴趣。我们必须找出他反感学校的原因。遇上不和同学一起游戏的学生，我们可以了解他的孤独，知道他只对自己感兴趣。也有学生总希望在学习时得到帮助，这样的人缺乏独立性，总渴望得到别人的支持。

一些学生的学习目的是得到表扬，获得赞赏。他们是娇生惯养的儿童，只有在老师的关注下，他们才能完成学习。一旦失去特殊关注，他们就开始制造麻烦。没有观众，他们根本无法继续下去。无人注视，他们的兴趣也就中断了。对于这样的学生来说，数学尤为麻烦，是个巨大的挑战。单纯地记忆一些定律和句子，他们还可以应付，一旦要他们运用知识解答问题，他们就会茫然不知所措。这看似一个小毛病，但这些一直寻求别人支持和关注的学生，却是我们生活中的危险人物。如果这种态度不改变，他们长大以后也会是这个样子，甚至要靠别人养活。只要遇到困难，他们都会强迫别人帮助解决。终其一生，他们不但无法对社会有所贡献，而且会想方设法成为大家的包袱。

受忽视的学生也希望成为关注的中心。如果不能如愿，他们或搬弄是非，或干扰课堂，或带坏其他学生，把自己变成过街老鼠。责备和惩罚于他们无用，他们本就乐此不疲。他们宁愿受罚也不愿受忽视，行为带来的痛苦不过是他们为快乐付出的代价。对于许多学生来说，惩罚是他们在延续人生格调时受到的挑战。他们把这当作一场比赛、一个游戏，看谁能坚持到最后。他们会成为最后的胜利者，因为问题就掌握在他们自己手中。也正因为如此，有些学生在受到父母或老师惩罚时会出现不哭反笑的情况。

懒惰的学生，大多争强好胜，害怕失败。有时，懒惰只是他们攻击父母和老师的手段。每个人对成功的理解都不尽相同，儿童对于失败的看法常常出乎我们的意料。许多人认为，成不了第一就是失败。即使他们取得成功，只要有人做得比他们好，他们也会认为自己是失败者。懒惰的学生并没有体验过真正的失败感，因为他们从来没有面对过考验。他们逃避摆在眼前的问题，迟迟不决定是否参与竞争。其他人都看得出，只要不那么懒，他明明可以应付自己的难题。"只要我愿意，我可以无往不胜"，这种想法是他的安慰剂。失败时，他总用这句话安慰自己，保持自尊。他会告诉自己："我只是懒，并非没有能力！"

有时，老师会对懒学生说："只要肯努力，你一定会成为班上最好的学生。"但是，什么也不做就可以得到这种褒奖，他为什么还要冒险去做事呢？也许，改掉懒惰的毛病，可以一鸣惊人的名声反倒没有了。那个时候，人们会根据他实际取得的成绩来评价他。懒学生还有一个好处：稍微勤快一点点就可以受表扬。人们从他的行为中看到变好的迹象，希望进一步激励他。相反，这点努力如果放在勤勉的孩子身上，根本没人会注意。懒学生一直活在别人的期许之中。同样，他们是娇生惯养的儿童，从婴儿期就开始寄希望于他人的付出。

　　还有一种类型的儿童是起带头作用的儿童。这种儿童随处可见，也易于辨认。人类的确需要带头人，但我们需要的是能为他人着想的带头人——这样的带头人不常有了。大多数带头儿童感兴趣的只是控制和支配他人，也只有在这种情况下，他们才愿意加入同伴之中。因此，这一类型并非万事大吉。在以后的日子里，他们一定会出现麻烦。两个这样的人在婚姻中、工作中或社交关系里狭路相逢，着实让人啼笑皆非。两方都会寻找支配对方的机会，确立自己的优越性。家中有些老人喜欢宠着孩子，乐意孩子对他们强横无礼，对着他们发号施令。虽然他们会嘲笑他，但又会撺掇他这样做。我们觉得，这种性格的发展无益于社会生活。

　　学生千差万别。我们的目的绝不是将他们推上流水线，让他们变得千人一面。然而，我们希望能够有效地预防失败，避免问题的出现。童年时期相对比较容易预防或纠正错误。如果不能及时纠正童年的不良发展，在个体成年后，它们会导致严重的后果和损害。童年错误和成年失败一脉相承，是前因后果的关系。那些没有学会合作的学生，日后会患上神经症，成为酒鬼、罪犯，甚至还会自杀。焦虑症患者怕黑、怕陌生人、怕新环境。忧郁患者是爱哭鬼。在当今社会中，我们鞭长莫及，不能帮助到每位父母，避免他们犯错。那些最需要听取建议的父母常常不会来寻求帮助。因此，我们希望以学校为着手点，培训老师，通过他们去纠正已经犯下的错误，训练孩子的独立性、勇气和合作精神。在我看来，这是实现人类未来幸福的康庄大道。

十五年前，我怀揣这一目标，开办了多家个体心理咨询中心。现在，它已遍布维也纳与欧洲其他地方，其价值也得到了证明。人们怀有崇高理想、远大希望固然是好事，但是，找不到方法，一切理想都只是纸上谈兵。经过十五年的实践，我觉得自己有资格说咨询中心已取得了极大的成功，是我们解决儿童问题、教育儿童的好方式。当然，虽然我坚信咨询中心必须依托于个体心理学，以此为基础，但我找不出不能与其他心理学流派合作的理由。事实上，我一直倡导咨询中心结合不同的心理学流派，并对各流派得出的结果进行比较。

咨询中心的工作方式如下：我们派一位心理专家去学校，在校期间，他会与老师合作，讨论老师们在工作中遇到的问题。老师会详细描述某些学生的情况和他们的问题。比如，有的学生很懒散，有的喜欢争吵，有的逃学，有的偷东西，有的学习成绩不好。大家一起积极讨论，谈论这些学生的家庭状况、性格、发展情况，最开始出现问题的情景。心理专家也会分享自己的经验。然后，老师和心理专家一起研究可能引发问题的原因，找出处理方法。大家都有比较丰富的经验，因此，要快速达成一致意见并不难。

心理专家在校期间，如果必要，学生和他的母亲也会被请到学校来。心理专家先与老师讨论如何与母亲谈话。随后他们会把母亲请进来。母亲可以表达自己的看法，提供更多信息。在母亲参与讨论的过程中，心理专家会提出可以帮到这名学生的建议。在通常情况下，母亲很高兴有机会听取建议，也乐于合作。如果有阻抗，心理专家或老师可以旁敲侧击，借助类似的案例给出建议，希望母亲把这些建议用到自己孩子身上。

最后，这名学生会进来与心理专家谈话。当然，心理专家不会提及他犯的错误，只告诉他所要面对的问题。心理专家会根据他们的谈话找出哪些观点和判断阻碍了这名学生的发展。比如，他可能发现，这名学生觉得自己受到了忽视，不如其他同学招人喜欢。心理学家需要很友好地将自己的想法告诉他，不能指责。有时，心理学家也会提到实实在在的错误，但只说这是一种假设情况，也会询问这名学生的看法。参与过这个过程的人通常都会大吃一惊，他们想不到学生们能够很好地理解这些内容，态度也如此迅速地发生了变化。

我培训过的老师也都乐在其中，不会因为其他事半途而废。培训的确可以帮助他们提高工作的趣味性和有效性。没人觉得培训是负担，因为运用培训中学到的知识，他们通常只用花上半小时或更短的时间，就可以解决困扰他们多年的问题。如此一来，整所学校的合作氛围高涨，严重的问题在一段时间之后都得到了解决，只有一些小错误还有待处理。老师也因此成了心理专家。他们学会了理解人格的统一性，也知道人格的所有表现形式都是一致的。再有问题出现时，他们完全有能力自行解决。事实上，我们真心希望将老师培养成专家，不怕心理学家因此变得多余。

举一个例子吧。某班有一个学生很懒散，因此，老师会在班上提议讨论一下"懒惰"问题。老师以一系列问题展开讨论："懒惰源于什么？""它的目的何在？""懒惰的学生为什么会改变？""他应该做出哪些改变？"。面对这些问题，学生们各抒己见，得出结论。这个懒学生并不知道这次讨论因他而起，但他身上有这种毛病，他很感兴趣，并从这次讨论中大有所获。相反，如果我们都去攻击他，他可能并不愿意学习和改正。现在，作为讨论者之一，他会有所触动，有所改变。

老师与学生们一起生活，共同学习，没有人比老师更了解学生的想法。老师阅人无数，经验非常丰富，与每个学生建立联系自然不在话下。学生在家里犯下的错误是继续下去，还是得到纠正，都取决于老师。和母亲一样，老师是人类未来的守护者，他们做出的贡献不可估量。

第八章

青春期

关于青春期的书籍浩如烟海，但大部分书籍都把青春期看作洪水猛兽，认为个体的性格会在这个时期发生颠覆。青春期的确会面临许多危险，但改变个性这一点却不尽然。到了青春期，儿童长成了青少年，他们面临着新的情况，要接受新的考验。他们感到自己正靠近人生的前线。人生格调中的错误，之前虽未察觉，现在却慢慢浮出水面。这些错误以前就有，但那时他们尚且可以睁一只眼闭一只眼，得过且过。现在，它们的重要性突显了出来，已不容忽视。

对于每一个人来说，青春期最重要的意义都在于他必须证明自己不再是一个孩子。为了缓解张力，我们可以告诫他这是理所当然的事，顺其自然就好。但是，在个体不得不证明这一点的情况下，他会不遗余力地强调自己的观点。青春期的许多症结都源于青少年渴望展示独立性，证明他们已经长大成人。这些表现所指的方向，取决于他们对于"长大"的定义。如果"长大"意味着摆脱控制，他们就会为摆脱控制而战。许多青少年在这个时期开始抽烟，说脏话，夜不归宿，与父母针锋相对。父母也很困惑，为什么一个听话的孩子忽然变得如此叛逆。事实上，这种态度变化并非忽然发生。过去，孩子虽然表面上听话，但心里一直与父母对抗着。现在，他们更自由，也更有力量，是时候表露这种敌意了。我知道有一个男孩总被父亲欺负。一直以来，他都默不作声，表现得很顺从。终于有一天，他觉得自己长大了。他向父亲发起挑战，打了一架之后扬长而去。

大多数人在青春期时会获得更多自由，拥有更多独立自主的权利。父母不再认为自己有权一直监管他们，看护他们。然而，如果父母试图捍卫自己的监护权，孩子就会尽其所能摆脱控制。父母越想证明他还是孩子，他就越叛逆。于是，敌对的态度发展起来，这就是我们看到的"青春期叛逆"画面。

青春期没有严格的时间限制。在通常情况下，大约是从14到20岁，但有些孩子在10—11岁就已经进入了青春期。所有身体器官在这段时间迅速发育，有时还会出现功能不协调的情况。儿童长高了，手长大了，脚也变长了，但他们也可能因此不再那么积极灵活。他们需要训练自己的协调性。如果在这个过程中受到嘲笑和挑剔，他们很可能觉得自己笨手笨脚。这时若嘲笑他们的动作，他们会变得更笨拙。内分泌腺也会参与到发育中，它们的功能会有所增强。但这并非一种改变。在胎儿期，内分泌腺就很活跃，现在只是更加旺盛，让个体的第二性征开始显现出来：男孩长出胡须，进入变声期；女孩身形显露，表现出更多的女性性征。然而，青少年可能并不理解这些事实。

如果没有准备好长大成人，青少年会因为即将到来的职业、社交和婚恋问题惶惶不安。他们满心绝望，觉得自己没有能力面对这些问题。面对社会，他们扭扭捏捏，十分拘谨，只好将自己关在家中；面对职业，他们坚信不管自己做什么都会以失败而收场；面对婚姻和爱情，他们无法坦然面对异性，害怕约会，一与异性说话就脸红，无法应答。他们的绝望感也因此越来越深，最后完全受困于人生问题，无人理解。他们耳聋目盲，不愿和旁人交谈；他们既不工作，也不学习，总是沉溺于幻想之中，只保留着低级的性活动。这就是我们所说的精神错乱、精神分裂症。这一切都源于一种错误。如果我们能够鼓励他们，告诉他们所走的路不对，并为他们指明一条更好的路，他们便可以康复。然而，这并非易事，因为他们从前的人生、人生中受的训练，都要推翻了从头来过。对于过去、现在、将来的意义，我们应该站在科学的角度来看待，而不应按照个人的方式进行理解。

青春期的一切危险都源于训练和知识的缺乏，源于个体无法面对人生的三类问题。青少年担心未来，自然会找捷径。然而，这些捷径并无助益。我们越是命令他们、规劝他们、挑剔他们，他们就越会觉得自己面对着无底深渊。我们越是催促，他们就越退缩。因此，我们只能鼓励。急于帮助他们的做法都是错误的，只会加速摧毁他们。他们既悲观又害怕，我们可不能指望他们还承受得起额外的压力！

青春期到了，人应该长大，但也有人希望自己永远是孩子。他们甚至会用小孩子的方式说话，与比自己小的孩子一起玩，假装自己永远都是小孩子。绝大多数青少年都想方设法表现得像成年人，其中不乏装腔作势者。他们歪曲了成年人本来的样子，如模仿成人大手大脚地花钱、调情、传出风流韵事等。更有甚者，因为找不到面对人生问题的方式，又总想做点什么，他们可能会走上犯罪的道路。特别是当他们有过一些不良行为却侥幸未被发现时，他们更容易走上犯罪道路，因为他们觉得自己很聪明，一定不会被抓住。在面对人生问题时，犯罪是逃避。面对经济问题和生计问题时更是如此。因此，14—20岁之间的犯罪人数颇多。同样，我们在这里面对的也并非新情况。这些缺陷早就存在于童年模式中，只是现在遇到更大的压力，它们显现了出来。

如果活动程度小一些，他们会用神经症来逃避。因此，在这个年龄阶段，许多人都会患上功能性疾病和出现神经紊乱。每种神经性症状都是一个借口，既可以用来帮助自己拒绝解决人生问题，又不会降低个人的优越感。当个体面对无法解决的社会问题时，神经症症状就会出现。困难带来了巨大的张力。在青春期时，身体对这种张力特别敏感，每个器官都会被激活，从而影响到整个神经系统。同样，器官受到的刺激也可以用作犹豫和失败的借口。这样的人，无论是人前还是人后，都会以生病为由采取不负责任的态度。神经症的结构是完整的。每位神经症患者都宣称自己一片好心，坚信社会情感是必需的，面对人生问题是必要的，但是他是一个例外，不必受制于这种普遍要求。神经症就是他的借口。他用自己的态度告诉我们说："我真的很焦虑了，根本无法解决自己的问题，但不幸的是，人们不允许我这样做。我只好求助神经症了！"在这一点上，神经症患者与罪犯不同。罪犯明显出于恶意，而且他们隐藏和压制了自己的社会情感。我们很难判断哪一种人对人类的危害更大：一边是神经症患者，一群旨在阻止合作的自我中心者，虽无恶意，但其行为仍会带来恶果；另一边是罪犯，他们带着明显的敌意，处心积虑地抑制自己残存的社会情感。

许多青春期的失败者都是儿时娇生惯养的孩子。对于那些习惯父母包办一切的孩子来说，他们的确无法肩负起成年人的责任。他们仍然期望受到宠爱，但是，随着年龄的增长，他们发现自己不再是关注的焦点。他们指责生活欺骗了他们，辜负了他们。他们是温室里的花朵，外面的空气让他们瑟瑟发抖。这个时候，我们通常会看到发展逆转的现象。许多被寄予厚望的儿童开始成绩下滑，而那些先前不被看好的儿童却展现出不可思议的能力，超越了他们。这与过去的发展情况并不矛盾。过去，一些儿童展现出良好的潜质，但现在，他们忽然害怕了，担心自己让人失望，承受不起自己被寄予的厚望。过去，在别人的帮助和赞赏中，他们可以不断前进，但现在不同了，一切都要靠自己努力。于是，他们泄了气，变得缩手缩脚。相反，那些儿时不被看好的人，因为更自由而振奋。实现抱负之路，就清清楚楚地呈现在他们眼前。他们脑子里充满了新点子，也有许多新计划；他们对所有事都兴致盎然，变得更富创造力。这些个体很勇敢，对于他们来说，独立不是难题，也不代表着承担失败风险，相反，它意味着更多的成功机遇和奉献机会。

过去，一些儿童有很强的被忽视感，但现在，随着与同伴接触的增多，他们看到了重获欣赏的希望。他们心醉神迷，渴望受到赞赏。对于男孩来说，一心想着受褒奖是一件很危险的事。对于女孩来说，她们通常没那么自信，别人的赞赏是她们证明自身价值的唯一方式。只要受到男性恭维，这种女孩很容易成为他们的猎物。我常常看到，在家不受欣赏的女孩更容易在外与男人发生性关系。想证明自己已经长大是其中一个原因，更重要的是，她们希望通过这种方式得到欣赏，成为关注的焦点。

让我们看看下面的案例：女孩，十五岁，家境贫困。她有一个体弱多病的哥哥，妈妈不得不把大量的注意力都倾注在哥哥身上。女儿出生后，妈妈腾不出太多精力照顾她。此外，在她很小的时候，父亲也生了病；这样一来，妈妈花在她身上的时间就更有限了。

通过耳闻目睹，这个女孩知道受照顾意味着什么，也渴望自己受到别人的照顾，但这一愿望根本不可能在家中实现。后来，妹妹出生了。那时，父亲的身体已经好了起来，母亲可以更好地照顾妹妹。于是，我们提到的这个女孩觉得自己是唯一一个没人爱的人。她非常努力，是家里的好孩子，学校的优等生。因为成绩很好，有人提议让她继续完成学业，于是她进了一所高中。最初，她不能适应新学校的教育方式，那里的老师都不认识她，她的成绩开始下滑。她变成了落后的学生，受到老师责备，也因此越来越灰心丧气。她太急于得到赏识了！在家时，她无人欣赏，现在在学校也得不到赏识，她还剩下什么呢？

她想交男朋友，期望他能欣赏自己。几经波折，她离家出走，与一个男人共同生活了十四天。家里人很着急，四处找她。接下来发生的事在意料之中。很快，她发现自己无法让这个男人欣赏自己，开始后悔。她想要自杀。她给家人写了一封信，上面写道："不要担心我。我服了毒药，就要死了，但我很快乐。"但事实上，她并没有服毒。我们可以理解她这样做的原因：她知道父母在意她死去，觉得这样会博得他们的同情。她不想死，只等着母亲来找她，带她回家。你看，这个女孩为了被欣赏真是不惜一切代价！如果我们能够帮助她，让她认识到这一点，这样的悲剧就不会发生了。之前，这个女孩的成绩很优秀。如果新学校的老师看出她特别在乎成绩、谨慎处理她的情况，这个女孩就不会因为成绩变差而自暴自弃了。

我们再来看看另一个例子。这也是一个女孩，其父母的性格都比较懦弱。母亲一直想生男孩，却生下了她。母亲很失望，打心眼里看不起女性，这一点当然逃不过女儿的眼睛。她不止一次听到母亲对父亲说："这个孩子一点也不漂亮。长大后怕是没人会喜欢她！"有时，母亲还会问"她长大后我们该拿她怎么办呢"。十年间，她一直生活在这样的氛围里。有一天，她无意中看到母亲朋友给母亲写的信，安慰她不要为生了女儿伤心，说她还年轻，还有生儿子的希望。

我们可以想象这个女孩当时的感受。几个月之后，她去乡下舅舅家。在那里，她遇到了一个乡下男孩。这个男孩看起来傻乎乎的，但她还是与他确立了情侣关系。后来，男孩抛弃了她，但她并没有因此而改变。我见到她时，她已经交过许多男朋友。可惜的是，她从没能在这些恋情中得到欣赏。她来找我，是因为患上了焦虑症，不能独自外出。她以前试过的方法都不见效，没能让她得到她想要的欣赏。现在，她要试试另一种方法。她利用自己的痛苦让家里人担心。她控制家人，没有她的同意，家里人什么都不许做。她时常伤心痛哭，说自己想自杀，在家里横行霸道。我们很难让这个女孩看清自己的情况，因为她太想在青春期找到一种逃避不被欣赏这件事的方式了！

无论男孩或女孩，都极容易高估和夸大青春期的性关系。他们想证明自己已经长大。比如，女孩与母亲不合，总觉得自己受到压制。作为反抗，她会和遇见的每个男人都发生性关系。她并不在乎母亲知不知道。事实上，她就是想让母亲担心她。因此，女儿与母亲（与父亲也一样）争吵之后，冲出家门，与她遇见的第一个男人发生性关系，在我看来是常有的事。她们通常是大家公认的好女孩，有教养。我们认为，这并非这些女孩的错。她们一直觉得自己被人看不起。她们认为这是唯一可以让自己占据上风的方式。

许多娇生惯养的女孩子发现自己很难适应女性角色。在我们的文化中有男尊女卑的传统，因此她们不喜欢自己的女性身份。她们身上展现出我所说的"男性钦羡"。个体表达男性钦羡的方式可谓多种多样，有时表现为不喜欢男性、回避男性，有时表现为虽喜欢男性，却不愿与他们共处，无法与他们交谈，不愿意参加有男性在场的聚会，在性问题面前也感到紧张。在通常情况下，她们坚称成年后愿意结婚，但她们不会接近异性，也不会与异性交朋友。我们发现，不喜欢女性角色的现象在青春期表现得尤为显著。女孩子的行为会呈现出男性化特征。她们想要模仿男孩子，并认为男性恶习更易模仿，于是模仿他们吸烟、喝酒、说脏话、加入帮派、性生活放荡不羁等。

通常，她们会辩解说，如果不这样做，没有男孩会喜欢她们。不喜欢女性角色的情况进一步发展，就会演变成同性恋或其他性倒错或卖淫的情况。很多妓女从小就相信没人喜欢自己。她们觉得自己生来低人一等，不会有男人对她们感兴趣，也不可能得到真爱。在这种情况下，她们当然会妄自菲薄，贬低自己的性别角色，把性当作挣钱方式。不喜欢女性角色的情况并非出现于青春期。我们发现，从童年早期开始，这些女孩就已经不喜欢自己的女性身份了，只是那时候她们没有机会，也没有必要把这种不喜欢表现出来。

钦羡男性的不只是女孩。所有孩子，只要高估男性的重要性，把拥有男性气概作为理想，并质疑自己获取它的能力，都可能出现这种情况。因此，我们的文化中强调男尊女卑，不仅会给女孩带来麻烦，也会困扰男孩，特别是那些不能完全确定自己性别角色的儿童。许多儿童都怀疑过自己的性别可以转换。从两岁开始，个体必须确定地知道自己是男是女。这一点非常重要。在通常情况下，那些长得像女孩的男孩子的日子特别不好过。陌生人会搞错他们的性别，甚至家中的朋友也会对他们说："你长得那么秀气，本该是个女孩子吧！"外貌因此成为机能不全的标志，婚恋问题也成了严峻的考验。如果男孩无法确定自己的性别角色，到了青春期，他们就会模仿女孩子，变成娘娘腔，养成坏习惯——卖弄风情、搔首弄姿、争强好斗等。

人们对待异性的态度，在四五岁时就埋下了根。个体出生后的最初几周，性驱力非常明显。但是，在找到合适的表达形式之前，我们不应该做任何会刺激它的事。只要不受刺激，这种性驱力就是自然正常的，无须我们警惕，比如，我们不应担心婴儿一周岁内出现局部性刺激反应的迹象。然而，我们应该运用我们的影响力与他合作，把他的兴趣从自身抽离，让他多关注周围的人和物。如果这种自我满足的尝试无法中断，那就是另一种情况了。我们可以肯定，这个儿童别有意图：他并非性驱力的受害者，而是利用它来达到自己的目的。他能够感觉到父母的害怕和恐惧，知道怎样玩弄他们的感情。这种习惯是他吸引注意力的方式，因此，只有这些方式无法再吸引注意力时，他才会罢手。

我曾经说过，我们不应该去刺激儿童的身体。在通常情况下，父母与孩子十分亲近。为了表达爱意，父母总喜欢拥抱他们，亲吻他们。事实上，这种方式并不正确。父母实在不应该如此残忍，他们不应该在情感上和精神上刺激孩子。常常有儿童告诉我（也有成年人在回忆起童年时这样说过），父亲的藏书中的轻浮插图或他们看到的某个电影镜头会唤起他们的情绪。因此，最好不要让儿童看到这类书籍或此类电影画面。不去刺激他们，麻烦就不会出现。

我们还提到过另一种形式的刺激，那就是固执己见地传播一些不必要或不恰当的性信息。许多成人似乎很热衷于传播性信息，很害怕儿童对此一无所知。但是，只要回头想想我们自己的童年，看看周围人小时候的经历，我们就知道，他们所预料的这种灾难根本不会发生。父母最好等等，等到孩子自己好奇了，想了解这些事了，再告诉他们也不迟。如果关注孩子的动向，无须孩子说出来，父母也会注意到孩子的好奇心。要是孩子觉得父母理解他，他自然会主动提问，也能得到自己能够理解和消化的答案。

同样，父母应当避免在孩子面前秀恩爱。如果可能，孩子尽量不与父母同睡一个房间。同床当然就更不可取了。同时，我们也不建议兄弟姐妹同住一个房间。父母必须关注孩子的身心发展情况，不要凡事睁一只眼闭一只眼。如果不了解孩子的性格特点，不知道孩子的努力方向，父母永远不会知道哪些事会影响到孩子，也不会了解它们产生影响的方式。

许多人都盲目地认为青春期是一个奇特的时期。在通常情况下，人类发展的各阶段都被赋予了极高的个人意义。每个阶段的变化都是翻天覆地的，比如大多数人就这样看待更年期。然而，这里不存在颠覆性变化，它们只是人生的一个阶段，这些过程中出现的现象也并非大有可观。相反，个体期望这个阶段发生什么、他赋予这个阶段的意义以及面对它的方式，才是至关重要的。人们常常被青春期的表象所蒙蔽，瞠目结舌，如临大敌。如果我们能够正确了解青春期的本质，我们就会看到，影响青少年的并非青春期的各种现象。相反，在这个阶段，社会环境发生了改变，新的社会环境对他们的人生格调提出了新的要求，需要他们去适应。然而，许多青少年错把青春期看作一切的终结，认为他们在这个阶段失去了所有的价值。他们觉得自己不再有权去合作和奉献，没有人再需要他们。青春期的所有问题，都因这种感觉而起。

我们应该教育孩子，让他们意识到自己是平等的社会一分子，让他们了解到奉献的使命，特别是要让他们懂得两性之间是伙伴关系，是平等的。青春期也会因此成为一个契机，教会他们独立地运用创造力来解决成年之后的问题。如果对自己的情况认识有误，总觉得自己低人一等，我们又怎敢寄希望于他们懂得如何应对青春期突如其来的自由呢？有人过惯了听人号令、亦步亦趋的生活，现在让他们自己当家作主，他们怎会不畏畏缩缩、一事无成？这样的孩子，已习惯了被奴役，注定迷失在自由之中。

第九章

犯罪及其预防

个体心理学让我们认识了形形色色的人。然而，个体类型的差别却未必泾渭分明，判若鸿沟。我们发现，罪犯、问题儿童、神经症患者、精神病患者、自杀者、酗酒者、性倒错者，都存在着同样的问题。他们都无法处理人生中的问题，而且在某个非常明确和显著的地方，其失败方式竟也相同：他们都缺乏社会兴趣，都不关心自己的同胞。然而，我们并不能就此认为他们与其他人格格不入，视他们为异己。就合作和对社会的情感而论，不存在无可挑剔、堪称完美典范的人。每个人都会犯错误，只不过罪犯们犯错误的程度更严重罢了。

　　要理解罪犯，还有一点也很重要。在这一点上，他们与我们并无分别。每个人都希望能够渡过难关，都在朝着一个目标奋斗。实现这个目标可以让每个人产生强大的感觉和完整的感觉。杜威教授①指出，这种倾向旨在努力获得安全感。也有人认为这是为了获得自我保护。说法虽不一样，但我们的确可以在人类身上找到这条活动主线——奋力拼搏，从低到高，由输至赢，自下

---

① 1859—1952年，美国教育家、哲学家。

而上。我们从出生起就开始了这种努力，一直持续到生命结束。人活着，就是生活在地球表面，克服障碍、战胜重重困难的过程。因此，我们不应惊讶罪犯们身上也有同样的倾向。从罪犯的行为和态度中，我们看到他们对优越感的追求，他们也想要解决问题，战胜困难。他们与我们的区别并不在这种拼搏上，而是在各自努力的方向上。如果我们能够看到，他们之所以选择了错误的方向，是因为他们不了解社会生活的需求，不关心自己的同胞，那么我们也就不难理解他们的行为了。

我要特别强调这一点，是因为有人的想法与我不同。他们视罪犯为异类，认为罪犯与普通人截然不同。比如，一些科学家就断言所有罪犯都存在智力问题。也有科学家拿遗传说事。他们相信，罪犯天生邪恶，犯罪不可避免。更有人认为，犯罪源于环境，是不可改变的：一朝犯罪，终生犯罪！有证据显示，这些观点都是错误的。我们应该认识到，如果接受这些观点，处理犯罪问题根本就是无望之事。放眼历史，犯罪事件可谓从未间断，现在，我们想要消除这一人祸，我们才不愿意忽视这个问题，说："都是遗传惹的祸！我们也无可奈何啊！"我们真的想要做点什么。

环境不是犯罪的必要条件，遗传也不是。尽管来自同一家庭的孩子遗传相同、生活环境相同，但他们常常会走上不同的发展道路。我们既发现过无前科家庭出罪犯的情况，也看到过有人坐牢或进少管所的家庭中走出品行良好孩子的情况。同样，曾经犯过罪的人也可能改过自新。犯罪心理学家常常无法解释为什么抢劫犯在三十岁后忽然变成了安分守己的好市民。如果把犯罪看作与生俱来的缺陷，或者认为犯罪扎根于环境之中，这的确令人费解。然而，从个体心理学的理论出发，理解这一点并不难。究其原因，可能是因为：这个人的境况变好，环境对他的要求也相应降低，其生活方式中的错误不再显露出来；这个人已经得到了自己想要的东西；他变老变胖，关节僵化，不能灵活攀爬，不再适合从事犯罪活动。

在进一步阐述之前，我必须澄清一点，罪犯等同于疯子这个观点是不正确的。精神病患者会犯罪，但是他们的犯罪性质并不相同。我们不能要求他们承担责任。他们之所以会犯罪，是因为人们完全不了解他们，用错误的方式对待了他们。同样，我们也必须排除低能罪犯，他们只不过是被利用了，成了别人的工具。真正的罪犯，是那些制定犯罪计划的人。他们巧言哄骗，激发了低能个体的幻想和野心，然后藏匿起来，让这些受害者实施犯罪，承担被惩罚的风险。当然，年轻人被老练罪犯利用的情况也有。那些人经验老到，策划了犯罪，年轻人却受骗成了刽子手。

现在，让我们回到前面提到过的活动主线：每个罪犯以及其他人都在努力获得成功，努力实现自己的目标。这些目标种类繁多，各不相同，而我们发现，罪犯几乎都以获得自身优越感为目标。他们不愿为他人作贡献，也不具备合作精神，然而，社会对其成员的要求，是能够为世所用，具备合作能力。罪犯的目标不包括成为对社会有用的人，这是每个罪犯走上犯罪道路的关键点。我们稍后再来看看这一点是如何造成的。在这里，我要说的是，想要认清罪犯，辨别其合作水平和问题性质至关重要。罪犯的合作水平各有不同，他们之间也存在差与更差的差异。比如，一些人犯罪只是小打小闹，不敢大张旗鼓，而另一些人则中意重大犯罪；一些人要当主犯，一些人甘为胁从。要分辨这些罪犯，我们必须进一步审视个体的人生格调。

个体的人生格调成形很早。在个体四五岁时，它们已基本成形。因此，我们不能轻视这个问题，认为改变它只是小事一桩。它是一个人的人格，只有了解它的形成过程，我们才能纠正它。正因为如此，犯罪人员屡教不改的情况才会出现。这些人才不在乎多次受罚、受人羞辱和鄙视、被剥夺社会权益呢！他们犯罪并非因为经济困难，身不由己。诚然，世道艰难，压力大时，犯罪活动会增加。有数据显示，小麦涨价会导致犯罪数量的增加。然而，没有迹象表明，经济状况不佳一定会导致犯罪。这更像是一种信号，表明许多人的行为受到限制，合作能力受限。在这些限制存在时，他们不能有所贡献。他们失去了合作的可能，只好寄希望于犯罪。也有事实表明，顺境中不会犯罪的人，一旦遇到猝不及防的问题，也可能走上犯罪道路。其中起关键作用的是人生格调，是他们面对问题的方式。

根据我多年研究个体心理学的经验，我最终得出了一个非常简单的观点：即罪犯对他人没有兴趣，他们的合作能力十分有限。在无力合作时，他们就会转向犯罪。这种情况多发于遇到难题时。思考人生中出现的问题非常有趣，这些问题虽是我们每个人都必须面对的，但罪犯却无法成功地解决它们。最终，所有的个人问题都会转化为社会问题。只有学会关心他人，这些问题才能得到解决。

在个体心理学中，我们把问题笼统地分成三类。首先，让我们谈谈与他人关系的问题，即友谊问题。罪犯也有朋友，但物以类聚，他们只愿结交与自己臭味相投的人。他们拉帮结派，也彼此愚忠。但是，我们可以发现，他们的活动范围非常狭窄。他们不能广交朋友，结识普通人。他们把自己视作流亡者，不知道如何与人类同胞自在相处。

第二类问题与职业有关。被问及这类问题时，许多罪犯都会回答："我劳动的条件实在太恶劣了！"他们觉得工作是很可怕的事，不愿像其他人一样努力解决这些困难。职业的有用性暗含两层意思：（1）关心他人；（2）为他人的幸福做出贡献。这些都是罪犯身上欠缺的东西。缺乏合作精神很早就初露端倪，因此，大多数罪犯在职业问题上都会出现准备不足的情况。绝大多数罪犯都没有受过训练，缺乏技巧。回头看看他们的过去，你会发现，在学校里，甚至在上学之前，他们的问题就存在了，他们的兴趣那时已经中断了。他们从未学会合作。因此，我们现在必须教会他们合作，训练他们。他们实在没有接受过这方面的训练。我们也不要责怪他们无力解决职业问题。试想一下，让一个没有学过几何的人参加几何测试会出现什么情况呢？是的，他们要么回答错误，要么根本回答不出来。

第三类是感情问题。要想情感生活美满，也需要懂得关心他人，与人合作。我们观察到半数被送进少管所的罪犯都患有性病。这表明他们解决爱情问题的方式是何等简单粗暴。他们把爱情伴侣当作财产，把爱情看作一桩买卖。对于这些人来说，性生活代表着征服和占有，伴侣是他们的占有物，不是人生伙伴。

"如果得不到自己想要的东西，"许多罪犯都会说，"那活着还有什么意思呢？"

现在，我们应该知道如何对待这些罪犯了。我们必须培养他们的合作精神，把他们扔进拘留所根本没有任何作用。给他们自由会危害社会，在目前的情况下，没有讨论的余地。罪犯必须得到处置。但事情绝非那么简单。我们必须思考具体的解决办法，以改善他们社会生活准备不足的情况。遇到问题缺乏合作精神，并非小缺陷。人们每时每刻都离不开合作，他们的合作水平表现在观察、倾听、谈话的方式之中。据我观察，罪犯看、听、说的方式都异于常人。他们的表达方式不同，而且这种不同会阻碍他们的智力发展。我们说话是为了让人们理解。理解本身就是一种社会性因素。我们赋予文字的也是大家都明白的意义。对于普通人而言，每个人的理解方式都是相同的。罪犯可不是这样。他们的逻辑只有自己能懂，其他人并不能理解。这一点很清楚地呈现在他们所交代的罪行里。事实上，他们并不笨，智力也没有问题。虽然他们所追求的优越性目标空洞而不切实际，但就实现这个目标而论，他们的决定在很大程度上倒是有的放矢。一个犯人说："我看到那个人穿的裤子那么好看，我也想要，只能杀了他。"如果不考虑这种想法是否符合常理，也不管他的谋生方式是否有益于社会和他人，那么我们可以说他也是从迫切的渴望出发，动了脑筋，才得出这一结论的。匈牙利的一系列法庭案件轰动了全世界。一些妇女下毒杀人，就在其中一位妇女被送入监狱时，她说："我儿子游手好闲，让人讨厌，我非毒死他不可。"你看，她不愿与儿子一起解决问题。除了毒死他，她还能做什么呢？她有自己的想法，但她看待问题的角度不同，采用了一种不同的认知模式。我们由此可以看到罪犯们得出结论的方式：遇到吸引自己的东西，他们想从这个世界巧取豪夺。这个世界是他们的敌人，他们不会关心这世上的人和事。他们对待这个世界的方式存在错误，既高估了自身的重要性，又低估了他人的重要性。

但是，这一点并非思考罪犯缺乏合作精神时我们最值得注意的地方。所有罪犯都很懦弱。他们会逃避问题，认为自己没有能力去解决。犯罪是懦弱的表现，罪犯只敢用这种方式去面对人生。他们犯下的罪行正呈现了他们的懦弱。他们用黑暗和孤独来保护自己，总是突然袭击别人，在别人还来不及自卫之前击倒他。罪犯觉得自己很勇敢，但我们不应该傻到也这样以为。事实上，犯罪是懦夫模仿英雄的行为。罪犯们努力想要实现自己高人一等的目标。这个目标虽空泛，但他们愿意相信自己就是英雄。

这也是一种错误的认知模式，不符合常识。我们知道罪犯都是懦夫，但这个想法定会让罪犯们大吃一惊。一想到自己战胜了警察，他们的虚荣心和自豪感就会油然而生。而且，他们总存在侥幸心理，认为自己不会被发现。不幸的是，在仔细研究了许多犯罪案例之后，我们发现他们的确有犯了罪而未被发现的时候。这一点着实让人懊恼。但常在河边走，哪有不湿鞋？一旦被抓住，他们却又想："这一次是我做得不够聪明，下一次我一定不让他们发现！"如果真的逃脱，他们会觉得自己的目标得到了实现，感到自己高人一等，也会受到同伴的追捧。

　　许多人都认为罪犯既聪明又勇敢，这种评价大错特错，我们必须纠正它。但是，我们应该选择在哪里进行干预呢？家里，学校，还有少管所，都是我们可以实施干预的地方。稍后，我还会说到最佳干预地点，现在我只想进一步阐述合作失败的原因。有时候，父母需要为此负责。母亲没有经验，不知道怎样让孩子与自己合作：她要么做事滴水不漏，根本不需要别人帮忙，要么也不具备合作能力。我们清楚地看到，婚姻不幸或破碎，合作精神也得不到适当的发展。孩子首先要和母亲建立联系，但这之后，母亲有可能不愿让孩子将兴趣延伸到父亲、其他儿童或成人身上。又或者出现这样的情况：某个孩子一直是家中的宝贝，但在他三四岁时，另一个孩子出生了，他因此感到自己地位不保，拒绝与母亲、与弟弟妹妹合作。这些因素都应该纳入考虑之中。回头看看罪犯的人生，你会发现，问题发端于他经历过的早期家庭生活。这并非环境本身造成的，而是源于儿童对自己地位的错误理解。遗憾的是，身边并没有人告诉他这一点。

家里有孩子特别出色，其他孩子的日子就不好过。大家的注意力都在出色的孩子身上，其他孩子会感到沮丧，产生挫败感。他们会因此不愿合作，虽然想竞争但信心不足。我们常常看到，那些生活在别人光环之下的儿童无法得到好的发展，也不能充分展现自己的能力。于是，他们成了罪犯、神经症患者，甚至有可能自杀。

在个体入学的第一天，我们就可以从个体的行为中看出他是否具有合作精神。如果缺乏合作精神，他势必不喜欢老师，不能与其他同学交朋友，也无法集中注意力，做到上课认真听讲。如果再加上无人理解，他还会产生新的挫败感。他受尽责难，却无人鼓励，教他怎样合作，也难怪他会越来越讨厌学校！他的自信心不断受到冲击，勇气尽失，叫他如何对学校生活感兴趣？我认识一个人，他十三岁时才上四年级，大家都骂他蠢，他的整个人生也因此崩塌了。他越来越不在意他人，目标只锁定在无益的事情上，最终成了罪犯。

贫穷也会给错误的人生诠释提供可乘之机。贫困家庭的儿童更容易遭受社会偏见。他们家里穷，吃了很多苦，从小就得帮着父母挣钱养家。后来，他们遇到一些有钱人，看到他们过着舒适安逸的生活，要什么有什么。他们觉得这一切太不公平了，为什么有钱人可以肆意妄为，而他们却不能？我们不难理解为什么大城市里罪犯数量更多，因为那里的贫富差距更显著。如果嫉妒心太强，个体无法制定有用的目标，这样的个体很容易误把不劳而获当作获取优越感的方式。

我还发现，自卑感也会集中在器质缺陷方面。就这一点来说，我深感内疚，因为这一发现为神经病学和精神病学的遗传理论铺平了道路。在阐明器质性自卑及其精神补偿之初，我就已经意识到了这种危险。然而，我们不应指责这些有机体，应该受到诟病的是我们的教育方式。只要教育方式正确，哪怕儿童存在器质缺陷，他们也能学着像关注自己一样地去关注他人。如果无人在旁教育他们关心别人，那些受器质缺陷困扰的儿童会把所有兴趣都放在自己身上。许多人都患有内分泌疾病，但我想说的是，我们永远无法说清楚怎样的内分泌功能才算正常。内分泌腺的功能颇多，不会损害到人格。因此，这一因素必须排除在外。我们需要关注的是我们能否找到正确方式将这些儿童训练成人类的一分子，让他们有兴趣与其他人合作。

在罪犯中，孤儿所占比例很大。在我看来，无力让孤儿具备合作精神是我们文化的耻辱。同样，私生子所占的比例也不小，因为他们身边无人可爱，也没人可以将他们的情感传递给其他同胞。儿童被遗弃后——特别是他们得知或觉得自己没人要的时候——常常会去犯罪。罪犯之中还有许多长相丑陋的人。这一点常常被当作遗传论的证据，用来说明遗传的重要性。让我们想一想丑孩子的感受吧！也许他是一个混血儿，长相不如人意，也许社会对他存在偏见。这样一个丑孩子，处境极其不利，一生都生活在重负之下。他不是我们大家所喜欢的那类小孩子，既不可爱又不清新。尽管如此，只要上述几类儿童受到正确对待，就可以发展出社会兴趣。

有趣的是，罪犯中也有长得特别英俊的男性。如果把第一种人看作遗传的受害者，他们存在身体缺陷，比如畸形手或腭裂，那么长相好看的人也犯罪又意味着什么呢？事实上，他们从小受到溺爱，在所处的情况中也难以发展出社会兴趣。我们发现，罪犯分为两类。第一类不知道何为同胞之情，也从来没有过这种体验。他们看上去充满了敌意，视每个人为敌人，从未得到过赞赏。另一类是娇生惯养的儿童。我常常注意到，监狱里的许多犯人都抱怨过因母亲溺爱自己而走上了犯罪道路。需要强调的是，我们之所以提到这一点，是为了说明尽管表现形式不同，但这些罪犯都没有接受过训练，不具备正常的合作能力。父母很想把孩子培养成一个好人，但他们并不知道怎样做。一方面，父母专断，过于严厉，孩子会反抗；另一方面，父母娇纵孩子，围着孩子团团转，又会让孩子自以为是，创造力得不到发挥，无法通过自身努力赢得同伴好评。这些孩子失去了奋斗能力，他们总想引起别人的注意，总在期待。在要求得不到满足时，他们都会归咎于外因。

现在，让我们来看一些案例。作者描述这些案例另有意图，但我们想借此看看它们之中是否存在着上面提到过的情况。第一个案例摘自格鲁克教授夫妇[①]所著的《犯罪案例500例》中《无情的约翰》一案。这个男孩交代了他如何走上了犯罪道路：

> 我没有想过自己会变成这样。在十五六岁前，我和其他小孩没什么两样。我喜欢参加体育运动，也从图书馆借书看，生活很有规律。后来，我爸妈不愿让我去学校，叫我出去工作。我每周赚的钱都被他们拿走了，只留五角钱给我零用。

在这里，他提出了控诉。想要知道他真正经历了什么，我们可以问问他与父母的关系，再看看他家中的整体情况如何。目前，我们只能假定他父母不具备合作精神。

> 一年之后，我开始和一个女孩约会。她很喜欢找乐子。

这种情况在罪犯身上很常见：他们很喜欢耽于享乐的女孩。想想我们之前说的，这是一个考验合作能力的问题。他与一个喜欢寻欢作乐的女孩子约会，但他一周只有五毛钱可支配。我们不应当把这看作解决爱情问题的真正方式，毕竟，他还可以选择和其他女孩在一起。他误入歧途了。换作是我，我会说："喜欢找乐子的女孩不适合我！"我们每个人对人生重要事件的评估并不

---

① 谢尔登·格鲁克（1896—1980），波兰美籍犯罪学家。埃莉诺·格鲁克（1898—1972），美国犯罪学家。

相同。

> 五角钱不够我们找乐子，五十块怕也不够。老家伙不愿多拿钱给我。我很生气，整天都在想怎么搞到更多钱。

按照常理，他应该看看周围有无挣钱机会。但是，他不想花力气。他找女孩也是为了自己开心，仅此而已。

> 有一天，我遇到一个熟人。

有新人加入，这对他来说又是一次考验。一个具备正常合作能力的男孩不会受人引诱。照这个男孩的情况来看，它受到引诱的可能性极大。

> 他是"可靠的人"。（也就是说，很好的小偷：聪明，能干，了解这一行，得了好处会分给你，不会害你。）我们一起干了很多票，都得手了。那之后，我入了行。

我们听说他的父母住在自家房子里。父亲是一家工厂的工头，家里勉强能够维持生计。这个男孩还有两个兄弟。在他之前，家里还没有出过违法乱纪者。我倒有兴趣听听迷信遗传论的科学家会怎样解释这一案例。他承认，第一次与异性发生关系是在十五岁的时候。我相信有人会说他纵欲。但是，这个男孩对其他人没有兴趣，他只是想寻开心。每个人都可以在性事上放纵自己，这不是什么难事。他希望在这方面得到赞赏，在性方面成为英雄。十六岁时，他同另一个人因入室盗窃被捕。这里有其他兴趣点呈现出来，证实了我们的猜测：他想成为征服者，吸引异性的注意，用钱赢得她们的心。他戴着宽檐帽，系着红色头巾，腰上别着一把左轮枪。他还为自己起了一个西部侠盗的名字。他是一个虚荣的人，想表现得像一个英雄，但除了这种方式，他想不出其他办法。他承认了一切指控，甚至说"我做的远不止这些"。他并不在乎钱财。

我觉得活着没什么意思。我看不起任何人。

所有这些意识想法实际上都是无意识的。他并不理解这些想法，也并不知道它们在意义上的一致性。他觉得人生是重负，但却不知道自己为什么灰心失望。

我不相信任何人。我的同伙说，大家都是小偷，不会害对方。但是他们就是会！我曾有一个搭档，我对他很好，可他居然害我！

如果我要多少钱就有多少钱，我也会做一个好人。我的意思是说，我有钱，想干什么就干什么，也不用工作。我从来就不喜欢工作。我不想工作，我恨工作！

    对于这句话，我们可以理解为压抑是"我"入行的原因。"我"不得不压抑自己的愿望，因此"我"成了一名罪犯。

    这一点着实值得我们深入思考。

    我并不是为了犯罪而犯罪。当然，做坏事就像飙车一样，"很带感"。你可以抛下工作，就这样逃了。

    他相信，这是一种英雄行径，他看不到这其实是一种懦弱的行为。

    以前，我也被逮到过。我偷了14000元的宝贝。我想，我最好还是去看看我女朋友。我用它们换了一些钱，不多，够去看她就行了。但不知怎么竟被抓住了！

    这些人为女孩子花钱，并因此耀武扬威。他们认为就这是成功。

    监狱里有学校，我要去里面读书——我不是想变好，我要好好学学怎样祸害社会。

他的话中充满了对人类的仇恨。他不需要大家。他还说：

"如果我有个儿子，我会扭断他的脖子。我才不想把他带到这世上来！这是有罪的。"

我们应该怎样拯救这样一个人呢？办法只有一个，那就是提升他的合作能力，也让他知道自己对人生的看法错在哪里。想要说服他，我们必须追溯他在童年早期所犯的错误。我不知道他身上发生过什么，从上述描述中，我没能找到我认为重要的内容。他的童年一定发生过一些事，他才会如此敌视人类。如果非要我猜，我会猜他是家中的长子，与许多长子一样，最初很得宠。后来，弟弟妹妹出生了，他觉得自己的权利被剥夺了。如果我的猜测没错，你会发现，即便这样的小事，也可能阻碍合作能力的发展。

约翰进一步指出，他在一所技工学校受到了粗暴的对待，在离开这所学校时，他非常憎恨社会。关于这一点我必须说几句。从心理学家的角度看，他会把在狱中受到的严厉对待当作挑战。这是对力量的考验。同样，人们不断告诫罪犯，"我们必须制止犯罪活动"，这句话时也会被他们视作挑战。他们想要成为英雄，并因此乐于接受挑战。他们认为这是娱乐，是社会对他们的激励，会变得更固执。对于一个与全世界为战的人来说，还有什么比面对挑战更刺激的呢？同样，教育问题儿童时，我们不应该采用挑战的方式。"我们来看看，谁才是强者！我们看看，谁能坚持到最后！"这种方式只会适得其反。这些儿童，与罪犯一样，痴迷于成为强者，他们认为只要足够聪明就可以逃脱惩罚。少管所里的工作人员有时会和罪犯叫板，这种策略实在不可取。

现在，我们来看看一个杀人犯写的日记。他残酷地杀害了两个人，被判处绞刑。作案前，他记下了自己的意图。犯罪活动都有计划，罪犯还会为自己的所作所为辩解，以证明自己的行为的合理性。我看过许多罪犯的供词，发现所有罪行都不简单，也没有哪一个罪犯不为自己辩护。在这里，我们看到了社会情感的重要性，因为罪犯也必须顺应社会情感。犯罪之前，他们必须想方设法地扼杀自己的社会情感，突破社会兴趣的堡垒。陀思妥耶夫斯基[①]的小说中，拉斯柯尔尼科夫[②]在床上躺了两个月，思考他是否应该犯罪。他一直在心里问自己："我到底是拿破仑还是卑微小人？"罪犯常用这类想象鞭策自己。事实上，每个罪犯都知道，他们是在做无用功，而且，他们也知道哪些事才是有益的。然而，出于懦弱，他们拒绝做有益的事情。他们很懦弱，因为他们没有能力成为有用之人：解决问题需要合作，他们没有接受过训练，根本不知道怎样去合作。罪犯也想减轻自己的负罪感，他们想要——如我们所说——为自己辩护，希望从轻量刑。于是，便会说出诸如"我杀他是因为他游手好闲，让人讨厌"之类

---

① 1821—1881年，俄国著名作家。
② 陀思妥耶夫斯基长篇小说《罪与罚》的主人公。

的话。

下面的一段话摘录自这个罪犯的日记：

大家都厌弃我，我是人们讨厌、看不起的角色（他患有鼻部疾病）。痛苦铺天盖地，就要把我摧毁了！没有什么可以阻止我，我觉得自己再也忍受不下去了！我也许应该听凭自己被遗弃。但是我的胃，我的胃不听我指挥。

他为自己找到了说辞。

有人预言我会被绞死。我不禁想："反正都是一死！与其饿死还不如被绞死！"

预言能起到推波助澜的作用。另一个案例中就提到过，一个母亲曾对她的孩子说："我肯定有朝一日会被你勒死。"结果，十七岁那年，他勒死了自己的姨妈。由此可见，预言的作用与挑战相同。

我并不关心结果。反正都是一死。我一无是处，没有人愿意与我有关系。我喜欢的女孩也躲着我。

他想要吸引这个女孩，但是他一无漂亮衣裳二无钱。他把这个女孩看作一件财产，这就是他解决婚恋问题的方式。

一切都一样。我要么救赎自己，要么毁灭自己。

虽然我希望有更多的解释空间，但我在这里要说的是，罪犯都喜欢激烈的矛盾和对比。他们就像孩子一样，要么全有，要么全无。"饿死或绞死"，"救赎或毁灭"。

我把计划定在星期四。受害者也选好了。我等待着机会，并不是每个人都可以抓住这个机会的。

他觉得自己是英雄。"这很可怕，不是每个人都能做到。"他出其不意，用刀杀了一个人。的确，不是每个人都能做到！

我身不由己，我的胃驱赶我犯下邪恶的罪行。我也许活不过明天，但我并不在意。最糟糕的事是遭受饥饿折磨。我得了不治之症，很痛苦。最后的时刻就要来临了，他们会坐下来审判我。一个人必须为他的罪行付出代价，但这样死去也好过饿死。如果我饿死了，没人会注意到我。但你看看，现在这里有这么多人！也许还有人为我伤心呢！我下决心要做的事，就一定要去做！没有人会像我今晚这样害怕。

　　看看，虽然他自认为是一个英雄，但他毕竟不是。接受审讯时，他说："我没有击中他的要害，但我杀了他。我知道我会被绞死，但这个人的衣服那么好看，我永远也不会有那么好看的衣服。"他不再说是胃（饥饿）的原因。现在，衣服成了执念。"我真不知道自己做了什么！"他说。这类话，罪犯常说。有时候，为了逃避责任，他们甚至会在作案前喝一点酒。所有这一切都证明，打破社会兴趣是多么艰难的一件事情。我相信，我可以借助任何犯罪案例说明自己提出的观点，每个罪犯都具有共性。

　　这是我们切切实实面对的问题，我们应该怎样做呢？如我所说，罪犯缺乏社会兴趣，也不懂怎样合作，一直奋力追逐着空乏的个人优越感。面对罪犯，与面对神经症患者一样，如果不能成功赢得他们的合作，我们什么也做不了。这一点，我们如何强调都不为过：如果能让罪犯关注人类幸福，激发他们去关心他人，如果能培养罪犯的合作能力，让他们以合作的方式解决人生问题，所有问题都会迎刃而解。然而，这个任务并不像看起来那么简单。简化问题，或加大事情的难度，我们赢不了他们。指出他们的错误，与他们争辩，我们也战胜不了他们。他们的心意十分坚决。多年以来，他们都以这种方式看待问题。想要改变他们，我们必须追根溯源，找出他们的认知模式上的错误。我们必须找到问题开始的地方，找出刺激他们的情况。四五岁时，他们的人格已基本定形，从那时候起，他们就已经这样错误地评估自己，评估这个世界了。呈现在他们的犯罪活动中的正是这些错误。我们必须理解和纠正的也正是这些原始错误。因此，我们必须找出源头。

他们会把自己的态度归因于经历，认为持这种态度合情合理。如果经历有悖计划，他们定会日思夜想，把经历塑造成他们想要的模样。如果他们认为"其他人都虐待我，羞辱我"，他们一定会找出大量证据来证明自己的观点。他们眼里只有可以支持自己观点的证据，而对相反的证据熟视无睹。罪犯只关心自己，也只对自己的观点感兴趣。他们以自己的方式去观察，去倾听，才不会注意那些不符合自己的人生诠释的事情呢！因此，如果不能识破他们的诠释，破坏他们对自己进行的训练，找出其态度发端的方式，我们根本无法说服他们。

这也是体罚之所以无效的原因。体罚只会证实罪犯的想法，让他们更加认定社会充满敌意。这样的事情，也许在学校就发生过。他们不会合作，学习成绩差，行为不端，并因此受到责备和惩罚。这种方式以前就无效，现在反倒可以鼓励他们去合作了吗？当然不会！他们只会更加无望，觉得人人都针对自己。谁会喜欢待在一个总受责备和惩罚的地方呢？受惩罚的学生会因此信心尽失，不关心学业，不关注老师和同学。他们会开始逃学，躲在人们找不到他们的地方，那里有与他们臭味相投的人。这些人理解他们，不但不会指责他们，还会奉承他们，给他们希望，让他们投身于无用的事情上。当然，他们也乐于结交这些狐朋狗友，把社会看作敌人。他们沆瀣一气，待在一起很是惬意。就是这样，成千上万的儿童加入了罪犯行列。如果我们也以这种方式对待他们，他们也会视我们为敌人，愈加坚信罪犯才是他们的朋友。

我们不应找任何借口推卸这类儿童无法面对人生任务的责任。我们不应让他们失去希望。我们可以与学校协作，激发他们的信心和勇气，避免这样的悲剧发生。后面，我还会进一步讲到这个问题。在这里，我只想借此案例说明罪犯对于惩罚的理解。他们一贯认为，惩罚是社会针对他们的表现。

体罚无效还有其他原因。许多罪犯都不太喜欢他们所过的生活，许多人甚至都曾有过自杀的念头。他们不会把体罚当回事，因为满心沉浸在破坏政策的欲念中，体罚根本伤害不到他们。这是他们回应的方式，将体罚视为挑战。如果看守人员严苛，不好好对待他们，反倒会激起他们抵抗的决心。如此一来，他们更觉得自己比警察聪明。我们可以看到，这是他们一贯的诠释方式，他们认为，与社会接触就像一场持续不断的战争，他们需要争取胜利。如果我们以此方式处理这个问题，岂非正中他们下怀？从这个意义上说，电椅也是一种挑战。罪犯会认为自己正迎难而上，惩罚越严厉，他们的聪明才智越能得到体现。不难证明，许多罪犯都这样看待犯罪行为。即使被判处电刑，他们追悔莫及的也是居然被发现了，他们会想："我要是没把眼镜落在现场那该有多好！"

要想解决这个问题，唯一的补救方法是找出罪犯们发端于童年的合作障碍。就这一点而论，个体心理学已经为我们披荆斩棘，开辟了一条道路。我们可以清楚地看到，五岁时，儿童的心理已经整合，人格脉络也已初现轮廓。遗传和环境的确会对他们的发展产生影响，但是，我们关心的并非儿童来到世界时的模样，也不十分在意他们的遭遇，我们更关注他们思考这些遭遇和使用这些遭遇的方式。我们必须了解这一点，因为我们并不真正了解遗传的能力和不利因素。我们需要更多地思考他们的可能性，以及他们运用这些可能性的充分程度。

罪犯们或多或少具有合作水平，但这种能力并不足以满足社会生活的需要。就这一点而论，母亲要率先负起责任。她必须懂得如何拓宽孩子的兴趣联结，知道怎样把孩子对她的兴趣延伸出去，让他学会关注其他人。只有这样，她的孩子才会关注整个社会，才会关注未来的生活。然而，母亲不情愿孩子关注他人的情况时有发生。这可能源于她自身婚姻的不幸——要么和丈夫性格不合，正考虑离婚，要么彼此妒忌。在这种情况下，母亲只想将孩子据为己有，宠他爱他，不愿让他离开自己。显然，如此一来，孩子的合作能力无法得到充分的发展。

学会关心家中兄弟姐妹，也是发展社会兴趣上非常重要的一环。在通常情况下，家中的孩子会联合起来排挤母亲最宠爱的那个孩子，不愿和他玩。如果这种情况处理不当，这个孩子可能走上犯罪道路。哥哥天资出众，紧接着他出生的弟弟常常会出问题。同样，弟弟天赋异禀，先于他不久出生的哥哥很容易成为问题儿童。比如，次子更友善，更讨人喜欢，大哥的情感上易于生出剥夺感。于是，他自怜自艾，总觉得无人关爱自己。他还会四处寻找证据，证明自己的想法千真万确。随着行为偏失日益严重，大家对他的苛责也越来越多。如此一来，他愈加相信自己失了宠，随之产生挫败感。这种剥夺感可能会导致他偷窃，随后被抓住，受惩罚。这是一个恶性循环，现在，他更确信大家都不爱他，所有人都是他的敌人。

父母当着孩子的面抱怨世道艰难，境遇不佳，也会阻碍其社会兴趣的发展。老是指责亲戚或邻居，挑剔他人，显露出烦躁和偏见，也会出现这种恶果。这样长大的个体会对同胞抱有偏见，甚至反过来针对父母。我们不必大惊小怪，社会兴趣受阻，个体难免会自私自利。"我为什么要为别人着想"是他心中真实的想法。在这种思维框架之下，个体根本不可能解决得了人生问题，也因此注定会犹豫不决，寻求逃避，寻找简单的出路。他们不愿努力，也不关心是否会伤害到别人。这不过是种下什么因，就有什么果罢了！

我们来看看下列几个案例，也许可以从中找出犯罪模式的发展。

案例一：在这个家庭中，次子是问题儿童。据我们了解，他身体健康，无遗传缺陷。家人都很喜欢哥哥，因此，他总想超过哥哥，就像在赛跑中击败领跑者一样。他的社会兴趣没有得到发展。他很依赖母亲，想从她身上得到他想要的一切。赶超哥哥对他来说并非易事，哥哥是班上的优等生，他却总垫底。显而易见的是，他渴望掌握控制权和支配权。他常常对家里的一个老女佣发号施令，像训练士兵一样让她在房里走正步。这位老女佣很喜欢他，甚至在他二十岁时，她也乐于让他扮将军，自己扮士兵。他总是忧心忡忡，虽一心记挂着自己必须完成的事，却一事无成。每次遇到困难，他都找母亲要钱，也不怕因此挨骂。后来，他闪婚了。我们可以想象，他的困扰也随之增多。事实上，他只想抢在哥哥前面结婚，认为这是巨大的胜利。这显示出他的自我评价很低。以这种方式取胜着实荒谬。他无法适应婚姻生活，夫妻俩吵个不停。渐渐地，母亲无力在经济上支助他。他居然订购了一架钢琴，并在没有付钱的情况下转手套现。他也因此惹上官司，锒铛入狱。在这个案例中，我们可以观察到这个成年人犯罪的童年根源：他一直生活在哥哥的光环之下，像一棵被大树挡住阳光的树苗，无法健康成长。哥哥天性温厚，他无法与之媲美，产生了受忽视感。

案例二：女孩，十二岁，争强好胜，也极受父母宠爱。她有一个妹妹，但她很嫉妒妹妹，无论在家里还是在学校都爱和妹妹较劲。她总想方设法地证明大家更喜欢妹妹，也会要求家人给她的糖果和零用钱数量超过给妹妹的。一天，她因偷同学的钱被抓，也受了处罚。幸运的是，我有机会向她解释整个情况，让她不再盲目地把妹妹当作竞争者。同时，我也向她的家人说明了情况。他们很是重视，尽力做到不让她产生妹妹更受宠的感觉。这件事已经过去二十年了，如今，这个女孩已长大成人。她很诚实，结了婚，还生了一个孩子。她的人生还算一帆风顺。

前面，我们已经阐述过危及儿童发展的情况，在这里，我要简要地回顾一下。我们必须再次强调，因为按照个体心理学的发现，只有认识到这些情况对于罪犯的影响，我们才可以真正地帮助他们，提升他们的合作能力。有特殊困难的儿童包括以下三种主要类型：第一，有器质缺陷的儿童；第二，娇生惯养的儿童；第三，受忽视的儿童。有器质缺陷的儿童带有与生俱来的被剥夺感，如果不接受特别训练，他们倾向于把注意力都放在自己身上，难以对他人产生兴趣。他们也喜欢找机会控制他人。我就知道这样一个男孩，因为女孩拒绝他的求爱，使他蒙羞，竟教唆一个年纪比他小的弱智儿杀了她。对于娇生惯养的儿童来说，他们的兴趣都在宠爱自己的父母身上，无法转向其他地方。受忽视的儿童包括孤儿、私生子、弃儿、丑陋儿和畸形儿等。虽然孩子或多或少受人照顾（否则他们不可能在离开母体后存活下来），但这几类儿童易于受到忽视，满足受忽视儿童的条件。我们发现，罪犯一般由两种人组成——丑陋而受忽视的儿童以及长得好看而娇生惯养的儿童。

从我接触过的罪犯中，从我在书报上读过的犯罪案件中，我一直寻找着罪犯的人格结构，也发现个体心理学能够帮助我理解这些情况。下面，我将从安东·冯·费尔巴哈所著的一本德文旧书中选取几个案例来做进一步阐述。顺便说一句，旧书中常常有对犯罪心理的精确描述。

案例一：康拉德杀父案。康拉德与一个工人同谋杀害了自己的父亲。父亲常忽略他，对家里人也不好。有一次，父亲打他，他还了手，父亲居然把他告上法庭。法官说："你父亲堕落，喜欢争吵，我没有办法。"你可能注意到，法官在为这个男孩提供借口。这家人想解决问题，但一切都是徒劳。他们很绝望，无法解决这个难题。后来，父亲带回一个名誉扫地的女人，还把儿子赶出了家门。男孩认识了一个散工，他很热衷于挖母鸡的眼睛取乐。他教唆男孩杀了自己的父亲。考虑到母亲的缘故，男孩一直犹豫不决。家里的情况越来越糟。经过长时间的考量，这个男孩终于同意了。他在散工的帮助下杀了父亲。

在这里，我们可以看到，男孩与母亲有着很紧密的联系，很尊敬她，但他的社会兴趣没有延伸到父亲身上。同时，他需要借助外力来冲破自己残留的社会兴趣，为自己的罪行找借口。于是，散工出现了，支持他，教唆他。他对残酷的热情，对犯罪的心醉神迷，才暴露出来。

案例二：玛格丽特·茨威齐格案。玛格丽特·茨威齐格是著名的"毒药女杀手"。她从小生活在慈善机构中，外形矮小，丑陋，有残疾。根据个体心理学的观点，这种人十分虚荣，急于得到关注。她非常有礼貌，到了卑躬屈膝的地步。她屡次犯险，几近绝望。之后，她三次下毒，想要毒死那些不让丈夫接近自己的女人。她有强烈的被剥夺感，不知道用什么方法实施"报复"。

为了留住这些男人，她假装怀孕，也试图自杀。在她的自传中（许多罪犯都热衷于写自传），她这样写道："做坏事时，我会想'从来没人可怜我，那我为什么要为做了对不起别人的事担心呢'？"虽然她陈述的并非事实，但这句话倒不经意间证明了个体心理学的观点。

通过这番话，我们可以看到她如何一步一步走向犯罪，又是如何为自己开脱的。在提醒人们要学会合作，要关心他人时，我经常听到这样的回答："别人都不关心我，我为什么要关心他们？"对于这个问题，我的回答是："总需要一个人带头。其他人不与你合作，那是他们的问题。但我希望你能带头，不要管别人会不会合作。"

案例三：N.L.，家中长子，粗野无教养，跛腿。弟弟视他为父亲，他取代了父亲在弟弟心目中的位置。我们可以把这种关系看作优越感目标，并且到目前为止，这个目标是有益的。然而，这个目标也可能只是为了满足骄傲和炫耀的愿望。后来，他把母亲赶出家门，让她去乞讨，嘴里还骂道："快滚！你这个讨厌鬼！"我们真为这个男孩难过，他甚至不关心自己的母亲。如果能更早认识他，我们可以看到他是如何走上犯罪道路的。很长一段时间，他都无所事事。他没有钱，还染上了性病。一天，他外出找工作无功而返，在回来的路上，遇见了弟弟。为了抢夺弟弟的微薄收入，他居然杀了他。在这里，我们可以看到他的合作能力受限——没有工作、没有钱、染上性病。个体总有无法超越的局限，从而感到无法继续生活下去。

案例四：本案例中提到的儿童早年是一个孤儿。后来，一个女人收养了他，把他宠上了天。如此一来，他竟又成了娇生惯养的儿童。他的成长情况并不好，但他却成了一个精明的商人，总希望给每个人留下好印象，占据先机。他的养母很爱他，一味迎合他。他很喜欢说谎，像骗子一样四处骗钱。他的养父母是小贵族，于是他也装腔作势，摆出贵族的架子，挥霍他们的钱财，最后还把他们赶出家门。他从小就娇生惯养，养成了许多不好的习惯，根本无法踏踏实实地工作。他把撒谎和欺骗视为践行人生使命的办法，把每个人都当作需要以智取胜的敌人。养母爱他超过爱丈夫和自己亲生的孩子，这虽给了他有权拥有一切的错觉，但也让他认为自己无法依靠正常方式取得成功。由此可见，他的自我评价很低。

我们说过，任何儿童都不应遭受这种挫折，这种强烈的自卑感无益于合作。人不应该被人生问题击败。罪犯选择了错误的方式。我们有必要告诉他们，他们从哪里开始走上歧途，又为什么会这样。我们必须训练他们，让他们有勇气去关心他人，去合作。如果大家都能充分地认识到犯罪并非勇敢，而是懦弱的表现，我相信，不仅罪犯找不到说辞，而且儿童也再不会选择走上这条路了。我们可以从每桩刑事案件中看到童年的错误人生格调的影响，它显示了合作能力的缺乏。我要说的是，这种合作能力必须得到训练。毫无疑问，它与遗传有一定的关系，因为合作具有潜在性，这种潜在性是与生俱来的。但是，对于每个人来说，要想发展这种能力，必须经过训练和练习。在我看来，培养合作精神是预防和根治犯罪的最佳方法。我从来没有遇到接受过合作训练却最终变成罪犯的人。我从未见过这种情况，也从没听说有人遇到过。我认为，消除犯罪灾害靠培养合作精神已经足够，其他方式都不及这种方法有效。合作靠传授，这与传授地理知识并无二质。说到底，它是一种真理，真理从古至今都靠传授。没有学习过地理的人，参加地理测试定会铩羽而归，同样，不具备合作能力的人，在面对需要合作的情况时，也注定以失败告终。我们所有的问题都需要依靠合作知识来解决。

我们对犯罪问题的探讨已经接近尾声，现在，我们必须勇敢地面对真相。千百万年过去了，人类仍然没能找到处理这一问题的正确方法。用过的方法似乎都不起效，犯罪事件依然屡禁不止。我们的研究道出了失败的原因：因为我们没有采取正确步骤来改变罪犯的人生格调，阻止错误人生格调的发展。因为这种缺失，所有举措都无法真正起效。

让我们来总结一下自己的观点：罪犯是人类中的一员，绝非异类，他们与其他人并无二质。人类行为纷繁复杂，罪犯的所作所为也从属于人类行为，是可理解的。这一结论非常重要，这就说明，如果我们不把犯罪当作孤立事件，了解它是人生态度的表现，并找出这一态度的发端，那么，我们就能信心满满地着手解决犯罪问题。我们发现，罪犯并不具备合作性，他们无法进行合作的根源可以追溯到童年早期，也就是四五岁的时候。这段时间里，他们对他人的兴趣发展受到了阻碍。我们前面已经描述过这一受阻与母亲、与父亲以及与其他小伙伴的关系，也讲到了它与社会偏见、外界困难以及其他因素的联系。我们发现，虽然犯罪形式种类繁多，失败形式也各有不同，但其中所体现的都是缺乏合作能力，不关心他人，无视人类幸福。实现这一目标没有其他路径可言，传授合作知识并培养合作能力，是我们唯一能做的事。合作能力，是唯一的决定因素。

虽然与其他失败者一样，罪犯也没有受过合作训练，无法完成正常人生使命，然而，他们在一点上还是有别于其他失败者的：他们保持着很高的活跃度，并将这种活跃度投注在无用的事情上。他们的行动虽无用却积极，而且，从某种程度上说，他们还可以与他们的同类，即其他罪犯，进行合作。在这一点上，他们的确与神经症患者、自杀者和酗酒者都不同。与此同时，他们的行动范围具有很大的局限，除了犯罪再无其他可能性，并且就算是犯罪，也并非皆有可能，他们的犯罪类型也极有限。因此，他们会一而再，再而三地犯下同样的罪行。他们的行动范围非常有限，被禁锢在一个狭小的空间里。我们可以看到，他们非常缺乏勇气。当然这是在所难免的事，毕竟勇气是合作能力的一部分。

罪犯们的所思所感，无不是在为他们的犯罪行为蓄势。他们日思夜想，企图彻底清除所剩无多的社会兴趣。他们总能寻找借口为自己辩护，为自己开脱，告诉自己犯罪实在是"不得已之举"。社会情感的阻力不可谓不大，要冲破这道墙绝非易事。但是，为了心安理得地犯罪，他们必须找到摆脱这种障碍的方式——要么苦思错误，要么麻醉自己。由此，我们便知道他们为什么会不停解释自身的处境，确定自己的态度，也知道与他们争论不过是徒劳罢了。他们用自己的眼睛看世界，已准备好用一生来为自己辩护。如果不知道这种态度是怎样发展起来的，我们就不要奢望可以改变它。庆幸的是，我们手中还握着一件他们无法抵御的法宝——无私的关心，这是我们帮助他们的不二法宝。

在遇到困难、缺乏面对勇气、不愿合作时，罪犯就会开始策划犯罪，寻找捷径。在需要钱的情况下，犯罪的可能性就更大了。与其他人一样，罪犯也在寻求安全目标和优越目标。他们希望能解决问题、战胜困难。然而，他们的努力脱离了社会框架。他们的目标是自私的、虚幻的。他们以为战胜警察、凌驾于法律和社会组织之上，他们的目标就会实现。这是一个自娱自乐的游戏——破坏规则，逃过侦察，狡猾巧诈，成功逃脱。比如，他们会借毒药杀人，以为这样就能瞒天过海，但这不过是欺骗自己，麻醉自己罢了。在被抓之前，他们确实得手过。如果被发现，他们也只会想："我本可以脱身的！我这次做得实在不够高明！"

在这里，他们的自卑情结显露无遗。他们想逃避劳动，逃离与他人建立联系的人生使命。他们觉得自己无法像正常人一样取得成功，缺乏合作训练更是雪上加霜——绝大多数罪犯都缺乏劳动技能。为了隐藏自己的不足感，他们培养出廉价的优越情结，觉得自己勇敢又与众不同。然而，谁又能把人生前线的逃兵称作英雄呢？事实上，罪犯们生活在梦中，他们不了解现实，也因此无法抛开自己所做的事。他们满脑子想的都是"世界上就数我最强，我可以开枪杀死每个人""谁都比不上我聪明，只有我犯了罪可以不被发现"。

同样，犯罪模式的根源也已被查明：小时候不堪重负或娇生惯养，儿童都容易走上犯罪道路。具有器质缺陷的儿童需要特别引导才会去关心别人，否则，他们的兴趣就会固着在自己身上，无法按照正确方式发展。受忽视的儿童、被遗弃的儿童、不被欣赏或遭人讨厌的儿童，处境大致相似：他们没有与人合作的体验，也不知道与人合作可以收获感情、受人喜爱，甚至可以解决问题。娇生惯养的儿童从不懂得通过自己的努力获得收获，他们认为，只要自己想要，这个世界就应该立即满足他们的要求。如果得不到自己想要的，他们会觉得世道不公，从而拒绝合作。每个罪犯都没有接受过训练，不懂合作，他们甚至不具备合作能力，因此，在遇到问题时，他们根本不知道如何处理。话说到这里，我们应该知道该做些什么了吧。我们必须培养他们的合作能力。

我们掌握了知识，也积累了丰富的经验。我深信，运用个体心理学，我们可以改造每一个罪犯。帮助每个罪犯，好好待他，改变他的人生格调，想想这是一项多么伟大的工作啊！不幸的是，对于我们现如今的绝大多数人来说，困难达到一定程度，合作能力就会耗尽。我们还发现，困难时期的犯罪率会大幅上升。因此，以这种方式消灭犯罪，我们要面对的人可不在少数。我也因此无法确定，我们能否制定即时目标，改变每个罪犯或每个潜在罪犯。

然而，我们可以做的的确有很多。就算无法改造每个罪犯，我们至少可以做点什么缓解人们的重压，帮助那些无力应付压力的人。我们也应该认真处理失业、职业训练和技巧缺乏的问题，想办法让愿意工作的人都有工作可做。这是满足社会生活需求的唯一途径，也可维护大部分人的合作能力。毫无疑问，这种方式必将降低罪犯数量。现如今，缓解经济压力的时机是否成熟，我不得而知，但我们必须为这种改变而努力。我们还应当为儿童提供更好的训练，培养他们承担以后的工作，更好地面对人生，拥有更广阔的活动范围。监狱里也应开展这种训练。从某种程度上说，人们已经开始向着这个方面努力，而我们应该做的，是加大力度。我认为，单独治疗每个罪犯并不现实，所以，我们必须进行团体治疗。比如，我会提议与众多罪犯一起讨论社会问题。这也是我们一直在考虑的方式。我们可以向他们提问，要求他们作答。我们应该启迪他们的思想，把他们从梦中唤醒，不让他们沉迷于自己对世界的诠释中，不再受困于对自我潜力的过低评价。我们应当教会他们不为自己设限，减少他们在面对各种情况和社会问题时的恐惧。我确定，我们可以通过此类团体治疗取得很好的效果。

在社会生活中，我们也应避免向罪犯和穷人发起挑战的情况。贫富差距太过悬殊，境遇不佳的人自然会不满，感到受到了极大的挑衅。这时候，尽量不要卖弄：实在没必要天天宣扬×××家财万贯。根据治疗落后儿童和问题儿童的经验，我们知道，与他们较劲、向他们发起挑战，起不到任何作用。他们反倒会认为自己在与环境作斗争，态度反而会更坚决。对于罪犯来说，情况也是如此。纵观全世界，警员、法官，甚至是我们制定的法律，无一不在挑战罪犯，但事实上，这样做反而会刺激他们。威吓于事无补，沉默反倒是金。不要指名点姓地提到罪犯，也尽量减少他们的曝光机会。我们的态度的确需要转变，我们不应认为强硬或怀柔可令罪犯改变。只有让他们更好地理解自身处境，他们才会改变。当然，我们应当秉持人道主义原则，不要用死刑去吓唬他们。我们看到，对于有些罪犯来说，死刑反倒会增强游戏的刺激性，就算被判处电刑，他们耿耿于怀的也只是作案时不小心被抓住了。

加大力度找出犯罪负责人对我们大有帮助。据我所知，至少有40%的罪犯——也许还远不止这个比例——做了坏事却逃过了警察的追捕。罪犯们对这一点心知肚明，他们的错误观点也因此得到了支持。几乎每个罪犯都有过犯罪后没有被发现的经历。庆幸的是，我们已经在这方面有所改进，正朝着正确的方向发展。同样重要的是，我们不应在监狱里侮辱挑战罪犯，也不应在他们出狱后羞辱他们。我们应该精心挑选缓刑监督人员，并增加其数量。这些缓刑监督人员应该对社会问题有深入的认识，了解合作的重要性。

上述方式都切实可行，我们相信定能取得成效。然而，想要如愿地将犯罪数量降到最低，我们还应该采用另一种实用、有效的方法：培养儿童的合作能力，发展其社会兴趣。这种方式不久就能见到成效，大幅度削减罪犯数量。儿童不再受到煽动或蛊惑，不论遇到何种麻烦和困难，他们都不会丧失对他人的兴趣。他们的合作能力，处理人生问题的满意程度，将会大大地高于我们这一代人。大多数罪犯走上犯罪道路的时间很早，通常是青春期，尤以15—28岁期间为甚。因此，我们的措施很快就能见效。不仅如此，我还可以肯定地说，在接受正确的教育后，儿童还会影响到整个家庭。家中孩子独立、乐观，具有前瞻性，发展健全，对父母来说是一种安慰，家庭生活也会情随事迁。很快，这种合作精神将会迅速地传遍社会，形成更好的社会氛围。当然，在教化儿童的同时，我们也不应该放松对父母和老师的引导。

现在，剩下的问题是我们应该如何选择最佳着手点，以何种方式教会儿童承担日后的任务和问题。我们应该培训所有的父母吗？不！这一提议很难生效。毕竟，父母难以掌控，那些最需要参加培训的父母往往缺席。对于他们，我们鞭长莫及，必须再想其他办法。我们应该把所有儿童都关起来，监管起来，时刻小心提防吗？这一提议也好不到哪里去！终于，我们想到一个好办法！这个办法不但可行，而且能够真正地解决问题：那就是培训老师。借着学生在学校的机会，老师不仅可以直接培养孩子的社会兴趣，将这种兴趣延伸到他人身上，而且可以纠正家庭中犯下错误。这是学校发展的方向。学校之所以存在，不正因为家庭无法传授个体日后所需的所有技能吗？学校是家庭的延伸，我们为什么不将学校职能好好地利用起来，改善个体的社交能力和合作能力，更好地为人类谋福利呢？

最后，我要简要地归纳一下我们的观点，我们的行动都必须以这些观点为基础。经过人类世世代代的努力贡献，我们如今享受着文化的繁荣，过上了幸福的生活。个体的人生或轻如鸿毛，或重于泰山，取决于他们是否关心他人，懂得合作，能否为社会有所贡献。前者死后身与名俱灭，后者则功绩永存，精神不朽，流芳百世。如果以此原则教育孩子，他们自然乐于合作。他们会因此充满力量，不惧困难，哪怕遇到天大的难题，也能把人类的共同利益放在首位。

第十章

职业问题

人类所受的三种制约引发了人生的三类问题。但是，这三类问题并不孤立，因此也不能分开解决。每类问题的成功解决都依赖于对其他两类问题的正确处理。第一种制约引发了职业问题。我们生活在地球表面，可供我们使用的只有这个星球上的资源。它有肥沃的土壤、丰富的矿藏、独特的气候条件和大气环境。一直以来，人类都肩负使命，需要找出正确答案来解决这些因素造成的问题，然而，直到今天，我们也没能找到十分满意的答案。人类虽不断前行，不断精进自己的答案，但是，我们仍任重道远，仍需砥砺前行。

　　解决职业问题，最好的办法是着眼于第二类问题的解决方案。我们在前面提到过，同属人类，必须与他人建立联系，是我们所受的第二种制约。如果世界上只存在一个人，他表现的态度、做出的行为可能完全不同。然而，我们有许多同类，我们必须考虑他人，彼此适应，彼此关心。友谊、社会情感，合作是解决这个问题的最佳方式。解决了这一问题，第一类问题也就迎刃而解了。

　　合作促成劳动分工，这是一项重大发明，极大地确保了人类的幸福。没有合作，没有过去靠合作积累下来的成果，只凭单打独斗，人类的生命根本得不到保障。通过劳动分工，大家群策群力，博采众长，共同为人类造福，消除了不安全感，每个社会成员都可以拥有更多的机会。当然，我们不能夸口说一切都尽如人意，也不能装作劳动分工已经臻于完美。但是，想要解决职业问题，我们不能脱离人类劳动分工的框架，也不能不考虑合作。

的确有人想要回避职业问题，不愿工作，也无视人类共同利益。然而，回避这一问题的人，不也靠其他人养活才能继续活下来吗？他们自己无所贡献，却以某种方式靠他人的劳动存活下来，这体现了娇生惯养的儿童的人生格调：遇到困难总希望别人帮助他们解决。这些娇生惯养的儿童摈弃了合作，不公平地将重担抛给那些积极解决人生问题的人。

人类所受的第三种制约是人类具有性别。接近异性、履行个体的性别角色，关系到人类的繁衍。两性关系也会引发问题。同样，这一问题的解决与其他两类问题密不可分：要想成功解决婚恋问题，个体必须谋得有助于劳动分工的职业，也必须与他人友好相处。我们看到，在我们这个时代，一夫一妻制可以很好地解决这个问题，也最符合社会需求和劳动分工的要求。个体回应这一问题的方式，无疑也会暴露他的合作水平。这三类问题并不孤立，它们相互交错，一类问题的解决会帮助到其他两类问题的解决。事实上，我们可以说，它们表现的是相同问题的不同方面。

它们是个体在环境中维系生命，继续生活的必要条件。

这里，我们必须再次强调的是，一个女性，以母亲为职业，也是参与劳动分工，而且，这个工作并不低人一等。母亲关爱自己的孩子，延伸孩子的兴趣，培养他们的合作精神，教会他们成为社会的一员，这些工作具有难以估量的价值。在我们的文化中，母亲的工作常常会受到低估，被认为没有吸引力，也不值得尊重，因为这种工作得不到直接回报，没有收入，以此为职业的妇女常常在经济上依附于他人。然而，家庭幸福，依赖于夫妻双方的努力。无论妻子是操持家庭，还是外出工作，她所起的作用并不逊于丈夫。

母亲是孩子的第一个老师，会影响到他的职业兴趣。孩子在四五岁之前所做的努力、所受的训练，在很大程度上决定了他成年之后的行为。在进行就业指导时，我总是会问到个体小时候的事，他儿时兴趣之所在。这段时期的回忆确定地呈现了他的训练内容，揭示了他的原型模式以及他潜在的统觉图式。关于最初记忆的重要性，我稍后还会讲到。

个体接下来的训练由学校来完成。现在，我们的学校更关注手、眼和耳的训练，关注儿童未来的职业状况，关心他们的能力和作用。这些训练当然非常重要，然而，我们不应该忘记，学科教育对孩子的职业发展也很重要。虽然我们常常听人们抱怨他们已经忘了在学校里学过的拉丁语和法语，但这并不代表着他们不应该学习这些学科。我们发现，在学习这些学科的过程中，人们可以结合过去的经验，很好地锻炼思维水平。一些当代学校更关注手工艺教学，这也是增加儿童经验、提升其自信的方式。

如果儿童从小就了解自己的职业发展方向，他们的发展会轻松得多。在问孩子长大后想做什么时，我们听到的答案可谓千篇一律。这些答案根本没有经过深思熟虑。他们说自己想做飞行员或火车司机，但他们并不知道为什么会选择这一职业。因此，我们的任务是识别他们的潜在动机，找出他们努力的方式、前进的动力，找到他们的优越性目标何在，找出他们将这个目标变得具体的方式。我们知道，他们之所以选择这种职业，是因为他们认为这种职业可以带给他们优越感，但我们也可以从这一职业中看出是否存在其他可以帮助他们实现目标的机会。

到了十三四岁，儿童应当更清楚自己将会从事何种职业。如果到了这个年纪还不知道自己以后做什么，还真是有点让人遗憾。显然，个体缺乏上进心，但这并不意味着他完全无兴趣可言。或许他特别好强，不敢提及自己的志向。遇上这种情况，我们必须多费心，找出他的主要兴趣并对其进行训练。一些青少年，在十六岁高中毕业后，仍无法确定自己未来的职业方向。他们当学生时很优秀，却不知道接下来该做些什么。我们发现，这些人徒有雄心壮志却不具备合作精神。他们还没有找到自己在劳动分工中的位置，也不能及时找到具体办法实现自己的壮志。因此，早点询问孩子的职业打算有利无害。去学校时，我就经常问学生们这个问题，他们也会开始思考，不至于遗忘或隐瞒答案。我也会问他们选择这一职业的原因，听到的一些细节常常十分具有启发性。从儿童选择的职业中，我们可以观察到他们的整个人生格调。他们向我们展示了奋斗的主要方向，人生中最在意的东西。我们要让他们珍视自己的选择，告诉他们职业无贵贱之分。只要用心工作，造福他人，他们与所有人一样，都是有用之人。他们唯一的任务是关注社会分工结构，训练自己，做到自食其力。

有一些人，选择任何职业都不满意。他们想要的不是工作，而是确保优越感的捷径。他们不愿面对人生问题，觉得让他们自己面对人生问题本就是不公平的事。同样，他们也是娇生惯养的儿童，只希望靠别人过活。或许，绝大多数人真正感兴趣的是自己在人生最初四五年里受过的训练，一直对它们念念不忘，但是，迫于经济压力或父母之命，他们走上了不同的道路，选择了自己不感兴趣的职业。这同样证明了童年训练的重要性。如果儿童的最初记忆中呈现出对可视事物的兴趣，我们可以推断他适合从事与眼睛有关的职业。进行就业指导时，我们应该考虑到最初记忆的重要性。如果一个孩子记得有人与他交谈，记得风声呼呼作响或铃声叮叮当当，我们就知道，他属于听觉型，与音乐有关的工作可能正适合他。有人会提到动作记忆，这类个体需要加大活动量，也许，他们会对户外工作或旅行之类的工作感兴趣。

　　个体想要超越家中其他家庭成员，特别是想超过父亲或母亲，是常见的奋斗方向。这种努力十分可贵，我们很高兴看到青出于蓝而胜于蓝的情况。从某种程度上说，孩子想超过父亲的职业成就，从父亲身上汲取经验倒是一个不错的开端。在通常情况下，出生于警察家庭的孩子会立志成为律师或法官；父亲是医生，孩子也会想成为医生；父亲是老师，孩子也会想成为大学教授。

　　放眼看看身边的儿童，我们知道他们正在为成年后做着职业准备。比如，想要成为老师，他一定会召集小孩子，和他们一起玩老师和学生的游戏。我们可以从儿童游戏中看到他们的兴趣之所在。渴望成为母亲，小女孩就会摆弄洋娃娃，培养她对婴儿的兴趣。这种兴趣培养应当受到鼓励。有人认为，小女孩玩洋娃娃会脱离现实，这种担心完全没有必要。事实上，她正在训练自己认识和完成做母亲的任务。从小就开始接受这种训练十分重要，如果训练太迟，她们的兴趣已经固定下来了。许多孩子对机械和技术很感兴趣。若能得偿所愿，这同样可以确保他们在日后谋得一份好职业。

　　有些孩子不希望自己处于带头位置，他们想找可供瞻仰的带头人，无论是儿童或成人，只要能指挥他们就好。这种发展不太有利，我希望这种服从的趋向越少越好。如果不能及时阻止，这些孩子长大后也起不到领导作用。他们自甘臣服于他人，做一辈子打杂的工作。他们只喜欢千篇一律的工作。

如果儿童与疾病或死亡不期而遇，对这些事怀有极大的兴趣，他们通常会希望成为医生、护士或药剂师。我认为，他们的努力应该受到鼓励，因为我发现，持有这种兴趣而成为医生的儿童，很早就会开始训练，也非常喜欢自己的职业。有时候，人们的死亡体验会以其他方式得到补偿。这些人会立志通过艺术和文学创作死里求生，当然，他们也可能成为虔诚的宗教信徒。

回避某种职业、懒散等，同样在个体小时候就埋下了祸根。当看到这样的儿童，我们必须用科学的方式找出他们犯错的原因，并用科学的手段进行纠正。我们并非生活在一个可以不劳而获的星球上，又怎么可能以懒惰为美德，勤劳为恶习呢？我们生活在地球之上，我们与这个星球的关系就决定了职业问题的答案。"我们应当工作、合作、贡献"这个答案，基于常识，合乎逻辑，是唯一的正确答案。过去，人类只隐隐约约有这种感受，现在，从科学的角度来说，它的确是必要的。

我们可以从天才们的身上明确地看到从小受训的印迹。我认为，借用天才来阐明这个问题再合适不过了，因为这些个体之所以被称作天才，就是因为他们为人类幸福做出了巨大的贡献。我们知道，一个未曾造福人类的人决不会被称作天才。艺术最讲究合作，是全人类合作的产物。伟大的天才们提升了文化的整体水平。荷马在他的史诗中只提及三种色彩，这三种色彩就能分别一切。毫无疑问，那个时候，人们已经注意到还有更多差别存在，但是，鉴于差别非常细微，实在没有必要单独列出来。那么，是谁教会我们分辨现在所知的这些颜色的呢？不必说，当然是艺术家和画家，这是他们艰苦工作的结果。我们的听觉辨别力，也因作曲家们得到了极大的提升。如果说，原始人发出的是噪音，我们发出的却是乐音，这不得不归功于音乐家们——是他们丰富了我们的心灵，教会我们训练自身功能。又是谁深化了我们的情感，教会我们更好地表达和理解呢？是诗人。他们丰富了我们的语言，使之更灵活，适用于大众。

毋庸置疑，天才是最具合作精神的人。他们的某些行为、态度，可能并不能展现他们的合作能力。但是，纵观他们的整个人生，我们的确可以看到这种合作精神的存在。与普通人不同，他们的合作并非易事。他们走在一条艰难的道路上，他们有许多障碍要克服。许多天才出生时都具有严重的器质缺陷。我们甚至发现，几乎每个杰出人士都有这样或那样的器质性缺陷。我们看到，他们在生命之初遭受了痛苦，但他们不屈不挠，并最终战胜了困难。我们特别注意到，他们很小就开始专注于自己的兴趣，训练也很艰苦。他们锐化感官，让自己接触问题，理解问题。看看他们早年对自己的训练，我们可以得出结论：他们的技艺、他们的天才，并非与生俱来的天赋，而是他们努力训练的结果。他们的努力造就了我们的幸福。

早年的艰辛努力会为日后的成功奠定基石。试想我们身边有一个三四岁的小女孩，她喜欢为洋娃娃缝帽子。我们看到她缝的帽子，称赞她缝得漂亮，还给了她一些改进的建议。这个小女孩备受鼓励，于是，她更加努力，技艺也得到精进。相反，如果我们对她说："快把针线放下，你会伤着自己的！你不必自己缝，我们出去买一顶更漂亮的。"她只怕是会放弃努力吧！如果有机会对照一下她的将来，我们一定会发现，在前一种情况下，她会成为具有艺术品位、爱工作的人，而在后一种情况下，她会不知所措，总觉得买来的东西比她自己做得好。

如果家中过分强调钱的重要性，孩子看待职业问题时就会以金钱为导向。这是一个很大的错误：这样的孩子不会对造福人类有兴趣。诚然，每个人都要自食其力。无视这一点，盘剥他人的情况也不少。但是，如果只对赚钱感兴趣，个体很容易断了自己的合作之路，只想着自己得好处。把"赚钱"看得高于一切，不顾社会利益，他还可能去抢、去骗。这种说法可能有点极端，但如果个体的目标无法与社会兴趣挂钩，就算挣到大钱，他的行为也无益于大众。世事难料，这样做的确可能取得成功，成为有钱人。就算误入歧途，也不排除个体在某个时段有成功的可能。我们不能保证，正确的人生态度能促使个体立马成功，但我们可以肯定的是，只有人生态度正确，他才会一直满怀勇气，不失自尊。

职业有时还会成为逃避社会问题和爱情问题的借口。在我们的社会生活中，人们常把沉迷于工作当作摆脱婚恋问题的手段。有时，它也会成为婚恋失败的借口。一个自诩是工作狂的人会想："我可没时间去管婚姻，婚姻不幸不是我的责任！"这种情况时常发生在神经症患者身上，他们急于想要逃避社会问题和爱情问题。他们要么不愿接近异性，要么方式不对。他们没有朋友，也不关心他人，只知道忙于工作。他们日思夜想，连做梦也是工作。他们一直处于紧张状态，于是，神经症症状出现了：胃部不适或诸如此类的问题。现在，胃病成了他们逃避社会问题和爱情问题的借口。也有些人会不断换工作，总是这山望着那山高。最终，他们也会因为摇摆不定而一事无成。

面对问题儿童时，我们首先应该找出其主要兴趣所在。从主要兴趣入手，我们可以更好地鼓励他们。对于那些老是跳槽的年轻人，或者工作上屡遭失败的成年人来说，我们也应该找到他们真正感兴趣的事，有效地为他们提供就业指导。如果可能，还可以为他们提供就业机会。当然，这并非易事。如今，失业的人很多，这是一个值得警惕的问题。对于增进合作来说，这不是一件好事。因此，我认为，每个重视合作的人都应努力确保无人失业，每个乐于工作的人都可以得到工作机会。

就这方面而言，我们可以进一步加快培训学校、技术学校和成人教育学校的建设。许多失业人员都没有接受过培训，不具备技术能力，他们中的一些人甚至从不关心社会生活。未经培训的社会成员、不关心人类共同幸福的人，会成为社会的重负。他们会觉得自己落后，处于劣势。不难理解，大多数罪犯、神经症患者和自杀者都是没有接受过职业培训的人，他们没能掌握职业技术。因为缺乏培训，他们始终落后于其他人。父母、老师，以及所有关心人类未来发展和进步的人，都应该关注儿童所受的训练，关注他们长大后能否在劳动分工中找到一席之地。

第十一章

同伴关系

早在远古时期，人类就具有团结协作的传统。人类取得的所有进步，都源于人与人之间相互团结，相互关心。家庭是一个组织，各成员之间相互关心至关重要。回头看看人类历史，我们发现人类喜欢以家庭为单位进行合作。原始部落有共同象征，其目的也是为了把人们团结起来，共同合作。原始宗教崇拜图腾，有的崇拜蜥蜴，有的崇拜公牛或大蛇。那些供奉相同图腾的人共同生活，彼此合作，成员之间都以兄弟姊妹相称。这些原始风俗在人类关系的建立和巩固合作方面起到了重要的作用，比如，每个崇拜蜥蜴的人都要参与原始宗教庆典，与同伴一起讨论收成情况，讨论如何抵御动物，讨论天空的力量。这就是庆典的意义。

　　婚姻是一件大事。按照社会规定，崇拜同一个图腾的男性成员必须在族群之外寻找伴侣。人们应当认识到，婚恋并非私事，它是整个族群的共同使命，所有人都应全身心投入。婚姻有其责任。它是使命，是社会的期待。整个族群都关心下一代的降生，都希望婴儿健康地生下来，在合作的氛围中长大。因此，所有人都应当在婚姻中进行合作。虽然在我们看来，原始社群的方式、图腾、控制婚姻的复杂体系似乎有些荒诞不经，但是，在那个时代，它们却非常重要，其真正的目的就是为了增强社会成员的合作。

宗教赋予人类的最重要使命一向都是"爱人如己"。虽然方式有所不同，但都旨在增强人与人之间的相互关爱。有趣的是，我们现在可以从科学角度确定这种努力的价值。娇生惯养的儿童会问："我为什么要爱别人？别人也会爱我吗？"这种想法反映出他们没有接受过训练，缺乏合作能力，只关心自己的得失，不关心他人。这些个体会在生活中遇到大麻烦，也会给他人造成巨大的伤害，往往会成为失败者。宗教有自己提倡合作的方式，如信仰和忏悔。就我自己而言，我尊重每一种以合作为最终目标并向着这个方向努力的方式。对抗、批判或贬低没有任何意义。我们无福拥有绝对真理。条条道路通罗马，实现合作这一最终目标的途径不止一种。

我们知道，在政治上，好方式未必被善用，但如果不营造合作机会，政治手段也难以有所作为。每位政治家都必须以人类发展为最终目标，而人类的发展意味着更高水平的合作。在通常情况下，我们不知如何判断哪位政治家或哪个政党能够真正带领我们走向发展，每个个体都只能依据自己的人生格调来判断。但是，如果某一政党更重视合作，视大家为同胞，我们没有理由不把这看作一种好现象。民族运动也是如此。如果这些运动旨在培养儿童的民族感，增加其社会情感，让他们能够延续传统，尊重自己的国籍，按照自己认为最理想的方式去改变和修订法规，我们怎会不珍视它们？同理，阶级运动也是群体运动，是一种合作。如果阶级运动以人类发展为目标，我们就不应对它抱有偏见。我们判断任何一种运动，都应该依照它能否进一步推动人类相互关爱为宗旨。我们发现，可以用来增强合作的方式很多。方式当然有好坏之分，但是，只要这种方法以合作为目标，我们就不该贬低它。

我们应该反对的，是那种只想索取，只考虑个人利益的观点。这是个体进步和人类共同发展的最大障碍。只有关心同胞，人类能力才会得到发展。说话、阅读、书写都是人与人相互联系的桥梁。语言本身就是人类的共同创造，是社会兴趣的产物。理解具有社会性，不是个人功能。理解也要符合人们的预期，它通过共同的意义将自己与他人联系起来，受制于人类常识。

有那么一些人，他们只想着自己的利益，想着自己要高人一等。他们赋予人生的意义只关乎自己，他们活着也是为了自己。然而，这不能算作理解，因为其他人无法共享他们的观点。因此，我们发现，这种人无法与同胞建立联系。通常，那些只关注自己的儿童会满面愁容，表情空洞。在罪犯和疯子脸上，我们也会看到同样的表情。他们不会用眼睛来交流，他们看东西的方式与我们不同。有时候，他们甚至不会看向别人，只一味转过脸去，张望别处。神经症患者身上也会表现出无法建立联系的症状，如强迫性脸红、口吃、阳痿、早泄等。这些症状都是无法与他人共处的表现，源于对他人兴趣的缺失。

精神病是隔离的高度表现形式，但是，只要唤得起对他人的兴趣，精神病也可以治愈。除了自杀，精神病是与人隔绝的最高表现形式。治疗这种病是一门艺术，难度相当大。首先，我们必须修复病人的合作能力，而要做到这一点，我们必须付出大量耐心，态度上也要更亲切、更友好。有一次，我去诊治一名患上精神分裂症（dementia praecox）的女孩。她患病已有八年，两年前进了精神病院。她像狗一样狂吠、流口水、撕扯衣服、咬手帕。我们可以看到，她已完全丧失了对人类的兴趣。因为她觉得母亲一直把她当作狗来对待，她也想成为一只狗，表达着"我就是一只狗"的想法。接连八天，我不断与她谈话，而她则一言不发。我没有气馁，继续对她说话，三十天之后，她开始有了回应。尽管话语含糊，难以理解，但不得不说这是一个巨大的进步。我的友好鼓励了她，她终于开口说话了！

尽管受到鼓励，但这类病人通常不知道如何安放自己新生的勇气。他们对同胞的阻抗非常强烈。勇气渐渐恢复后，我们可以预测他们会尝试何种行为，但千万不要奢望他们就此有了合作精神。与问题儿童一样，他们会故意惹人讨厌，比如看到什么砸什么，袭击护理人员等。因此，当我再次与这个女孩交谈时，她打了我。我马上开始思考接下来应该怎么做。我认为，不反抗是唯一可以镇住她的方式。庆幸的是，这个女孩的力气并不大。我友好地望着她，没有还手。她没有想到我会这样，也因此失去了挑战别人的欲望。但是，她仍然不知道如何面对自己再次复苏的勇气。于是，她打碎窗户，用玻璃割手。我为她包扎了伤口，仍然没有责备她。通常遇到这种暴力行为，人们会把她捆起来，锁在房间里，但这种方式是错误的。想要治愈她，我们必须换一种方法。我们不能期望精神病患者与正常人一样。精神病人会绝食，撕扯身上的衣服，几乎每个人都会被他们异于常人的行为所激怒。这着实令人懊恼，但我想说的是，让他们做好了！反正又没有其他办法可以帮到他们。

这之后，女孩康复出院了。一年过去了，她的病没有复发，仍保持着健康状态。一天，我要去她之前待过那家精神病院。路上，我遇到了她。

"您往哪里去？"她问我。

"和我一起吧，"我说，"我正准备去您以前待过的那家医院。"

我们一起到了医院，还见到了以前治疗她的医生。我约了其他病人，就建议他俩单独谈谈。我回来的时候，这名医生已经火冒三丈。

"她完全康复了，"他说，"但我很生气，她居然不喜欢我！"

我时不时还会见到这个女孩。十年过去了，她没有再发病，很健康。她能够自食其力，与人相处得也不错。没人会相信她曾经是一名精神病患者。

从偏执与忧郁症患者身上，我们可以清楚地看到他们与其他人的距离。偏执的病人会指控所有人，他们认为所有人都联合起来针对自己。而忧郁症患者会不断指责自己，比如，他会说"我毁了整个家"，或者"我把钱弄丢了，我的孩子会饿死的"。事实上，指责自己只是一种表象，他们真实的目的在于借机指控他人。下面就是一例：

一个女人遭遇了意外。她本来颇有名望和影响力，但现在，她无法再继续从事社会活动。她的三个女儿都已结婚，她感到十分孤单。祸不单行，这时，她的丈夫也离开了她。一直以来，她都要风得风，要雨得雨，她很想做点什么找回自己失去的东西。于是，她去欧洲各国旅游。然而，她还是体验不到自己的重要性，并在欧洲患上了忧郁症，她的朋友们都离她而去。的确，忧郁症是一种紊乱症状，会对周围人构成巨大考验。她打电报叫女儿来，但她们都借故推脱，没有人愿意来看她。回家后，她常把"女儿们对我很好"这句话挂在嘴边，但事实上，女儿们根本不管她，找了个护士来照顾她，只隔三岔五来看看。因此，我们不能按照字面意思理解她说的话。她的话实际上是控诉，每个了解情况的人都知道，这是一种控诉。虽然从表面上看，忧郁症患者垂头丧气、内疚羞愧，但他们心里总是怒不可遏，指责他人，其目的就是为了得到关心、同情和帮助。比如，某位忧郁症患者在提到最初记忆时说："我记得我想躺到沙发上，但那个位子已经被我哥哥霸占了。我大哭大闹，他迫不得已，只好把位子让给我。"

忧郁症患者常常会以自杀作为报复，因此，医生们首先应该避免为他们自杀提供借口。就我自己而言，我会告诉他们"不要做任何你不喜欢的事"。这是我治疗的首要原则，也是缓解紧张感的手段。这看似没有大用，但我相信，它可以直击整个问题的根源。如果忧郁症患者能够做自己想做的事，他还能控诉谁，又能报复什么呢？

"你想去看戏或度假，那就去好了！"我会对他们说，"如果半途不想去了，回来就行了！"

随心所欲，做不做随便他们，他们还有什么不满意的呢？他们的优越感也会油然而生。他们是上帝，高兴怎样就怎样。另一方面，这也不违背他们的人生格调。他们想要支配，想要控诉他人，现在，大家都赞同他们，他们也就无计可施了。这一原则能够起到极大的缓解作用，因此，我的病人中从来没有出现过自杀的情况。当然，虽然我的一些病人并没有如我所愿被严加看护，但最好的办法还是找人看住这类病人。有人看着就能确保无危险发生。

在通常情况下，病人会回答："我没有想做的事。"这一回答并不让我意外，我已司空见惯。"那不做自己不喜欢的事就好了。"我会这样回答。也有病人回答说："我想在床上躺上一整天。"我知道，如果我答应了，他未必要这样做，但如果我不同意，他就会向我开战。所以，同意是我一贯的做法。

上面是我治疗时的一个原则，而另一个原则会对病人的人生格调发起更直接的攻击。我会告诉他们说："每天都想想怎样去取悦别人。照我说的做，不出半个月你就会康复。"让我们来看看这对他们来说意味着什么。按照我的处方，他们会开始思考"我该如何为别人操心"。答案非常有趣。有人会说："这很简单呀！我一直都在这样做！"但我心知肚明，他们并没有这样做过。我会让他们再仔细想想，但他们当然不会再想。这时，我会告诉他们："如果睡不着，你可以想想怎样取悦别人。这对你的健康大有好处。"再见他们时，我会问："你照我的建议做了吗？"他们通常会以"我一上床就睡着了"作答。当然，整个过程中，我要做到谦逊友好，不能让他们产生一点我高高在上的感觉。

有人会回答："我做不到！我太担心了！"这时，我会告诉他们说："你可以继续担心下去，但也请你时不时地想想别人。"我这样说，是为了把他们的注意力引向同伴。许多人会问："为什么要我去取悦别人，他们又没为我做过什么？"

"这是为你的健康着想，"我回答说，"他们以后会难受的！"

几乎没有病人会说"我仔细考虑了你的建议"。然而，我所做的一切都是为了增强病人的社会兴趣。我知道，他们生病的原因是缺乏合作精神，我想他们也应该认识到这一点。只要能与同胞建立联系，平等合作，他们就会康复。

"过失犯罪"，比如，某人无意引发森林大火，也是另一种明显缺乏社会兴趣的表现。最近就发生过这样一起案件：一名工人忘记收拾横在马路中间的缆绳，就在他下班之后一辆汽车撞在这根缆绳上，车毁人亡。在这里，引发森林大火或忘记收拾缆绳都并非蓄意为之，从道义上讲，犯错人可谓无辜，但是他们并不懂为他人着想，也不会自觉地留意他人的安全。我们看到，不爱整洁的孩子，爱踩别人脚、总打碎碗碟或撞掉壁炉装饰的人，都是缺乏合作精神的人，并且他们缺乏合作精神的程度更严重。

我们可以在家中和学校培养个体关心同胞的能力。我们也已经讲过影响儿童发展的阻碍因素。社会情感也许并非遗传本能，但是，社会情感的潜能却是遗传性的。这一潜能的发展基于母亲的技巧和她对孩子的关注，也根据孩子自身对于环境的判断而定。如果孩子觉得其他人充满敌意，他被敌人包围、四面受敌，我们就不能期望他友善，也不能期望他能交到朋友。同样，如果他觉得其他人都是自己的奴隶，他自然不会愿意帮助他们。他只会想着控制他们。如果孩子只关注自己的情感，关注自己身体上受到的刺激和不适，他就会独立于社会。

孩子能感到自己是家中平等的一员，懂得关心家人，这种情况再好不过了。父母应该以身作则，相亲相爱，与外界保持友好、亲密的关系。这样一来，孩子才愿意信任家庭之外的人。学校里，我们要让学生觉得自己是班上的一员，与其他同学是朋友，信任他们之间的友谊。无论是在家中，还是在学校，个体都在为步入社会做准备。家庭和学校都要以教育儿童融入社会，成为社会一员为目标。只有这样，他们才可能勇往直前，从容面对人生问题，找到解决问题的方法，为他人造福。

只要个体能够友好与人相处，认真工作为人类谋福利，拥有幸福的婚姻，他就不会感到自卑，产生被人击败的感觉。他会觉得生活在这世上是轻松自在的事。这是一个友善的地方，他能见到自己喜欢的人，困难也不足畏惧。他会感到，这个世界属于他，他不能等待，寄希望于他人，而必须行动起来，有所作为。他十分肯定，在时间的长河中，当今时代不过沧海一粟，而他也只是整个人类进程——过去、现在、将来——的一分子。他同样知道，在这个时代中，他能够完成自己的创造使命，为人类的发展尽一份力。诚然，世界上存在着邪恶与困难，也有偏见和灾难，但是，这个世界属于我们，无论好坏，都是我们自己应该面对的。我们为这个世界奔忙，希望它得到发展。我们希望，每个人都能肩负起自己的使命，为它的发展尽绵薄之力。

肩负自己的使命，意味着接受责任，带着合作精神解决人生的三类问题。我们要求个体，成为一名好同事、好伙伴、好伴侣。这也是对他的最高赞誉。简言之，个体应当证明自己是人类的一分子。

第十二章
婚恋问题

德国某地区至今保留着一个古老的习俗，用来测定未婚夫妻是否适合婚后共同生活。在婚礼前，人们把新郎新娘带到一块空地上，那里放着一棵被砍倒的树。接着，人们给他们一把双人锯，让他们各执一端，把这棵树锯成两段。这一测试旨在检验他们彼此的合作水平。这是两个人的任务，两人之间若无信任，定会拉扯不休，一无所成。如果其中一人想自行其是，就算另一个人愿意让步，完成任务的时间也会翻倍。完成这一任务，既需要两人主动，又要他们团结一致。这些德国村民认为，合作是婚姻幸福的前提。

如果有人问我，爱情和婚姻意味着什么，我会这样回答："爱情，意味着热爱异性伴侣，圆满地进入婚姻殿堂，建立亲密无间的关系。它表现为身体吸引，志同道合，决意共同哺育下一代。爱情和婚姻体现了合作精神。这种合作精神，不仅是为了两个人的幸福，也是为了造福全人类。"

爱情和婚姻是一种合作关系，是为了造福全人类，这一观点能够帮助我们全面地理解婚恋问题。身体吸引，作为人类的重要追求，一直是人类发展必不可少的因素。我常说，人类存在器质缺陷，并不能高枕无忧地生活在这个贫瘠的星球上。繁衍是延续人类生命的主要方式，因此，我们需要保持身体吸引力，它是人类繁衍的保障。

在我们这个时代，爱情带来了许多问题和麻烦。已婚夫妻无时无刻都需要面对这些问题。做父母的关心这些问题，整个社会也都牵涉其中。因此，若想得出一个正确结论，我们必须不带任何偏见。我们必须尽力忘记所学，用心研究，不让其他想法干扰充分而自由的讨论。

然而，我并非要把婚恋问题完全孤立起来。世上没有绝对的自由可言：一个人不可能只遵循个人想法就能找出解决问题的答案。每个人都受制于特定关系，他成长于特定的框架之中，他的决定也必须符合这一框架。事实上，我们的确受制于三种主要因素：（1）我们生活在地球上，我们的发展受制于环境设定的限制和可能性；（2）我们与其他人一起生活，我们必须学会适应；（3）我们生活的世界中有男有女，人类的未来取决于两性之间的关系。

不难理解，如果个体关心同胞、关注全人类的幸福，他所做的一切都将以同胞的利益为导向，在解决婚恋问题时他也会考虑他人的幸福。但是，他也许并不知道自己正以这种方式解决问题。如果被问到，他甚至无法为自己的目标给出一个科学的解释。他自发地追寻着人类的幸福和进步，这一切都呈现在了他的行动之中。

　　有一些人并不关心人类的幸福。他们不会想"我能为大家做点什么，我该怎样融入集体之中"。相反，他们会问："人生有什么用？我能从中得到什么？我得到什么好处了吗？其他人考虑过我吗？我得到应有的欣赏了吗？"以这种态度对待人生的人，也会以这种态度解决婚恋问题。他们会不停地问："我能从婚姻和爱情中得到什么？"

　　一些心理学家认为，爱情是自然赋予我们的使命，但事实并非如此。性是一种内驱力和本能，但婚恋问题并非简单地满足这一驱力。事实上，我们的驱力和本能在发展、在变化、在精进，我们已经压抑了一些欲望和偏好。为了共处，我们学会了和平。我们还学会了打扮，保持整洁。就算面对饥饿，我们也不再受制于天性，而是提升了进食的品位和仪态。我们的内驱力已全然适应了人类文化，它们反映了我们的努力。这些努力，是为了全人类的福祉，为了我们共同的生活。

　　在处理婚恋问题时，我们也应该考虑到集体利益，关心全人类的幸福。这种关心是基础。如果不能看到解决此问题的整体一致性，如果不能考虑全人类的幸福，我们便不能从讨论婚恋问题、提出缓解方法、修改意见，提倡新规定、新原则中得到任何好处。诚然，我们应该改进，应当为这一问题找到更完备的答案，但是，只有在充分考虑上述三种制约的条件下，我们才能找出更好的答案。到目前为止，我们已经考虑到了这些情况，因此，真理也存在于我们给出的答案中。

在这里，我们首先发现，爱情是两个个体的任务。对于许多人来说，这种任务是一种新体验。我们学习过独立工作，我们也学过团队工作，然而，我们并不知道怎样进行一对一的合作。这些新情况带来了麻烦。但是，这个麻烦其实并不难解决。一直关心自己同胞的人，要学会两人之间相互合作自然不在话下。

我们甚至可以说，要充分解决两人之间的合作问题，夫妻双方都应该比关心自己更关心对方。这是婚恋成功的唯一依据。根据这一原理，我们可以提出改进婚姻的方案和提议。夫妻都必须关心对方，做到平等。如果夫妻双方能够全力以赴，尽心竭力，双方都不会产生压制感，觉得被对方盖过了。夫妻双方持这种态度，平等才可能实现。夫妻两方都应该努力让对方过上更安适、更充实的生活。只有这样，他们才会感到安全，才会觉得自己是有价值的人，双方都会感到自己被需要。在这里，我们看到了保障婚姻的基本因素以及婚姻幸福的主要意义：这是一种价值感，觉得自己不可替代；你的爱人需要你，你表现得很好，你们是同路人，是真正的朋友。

合作关系中的伴侣不可能接受自己处于从属地位。如果一方想要控制，强迫对方服从，两个人不可能成功地一起生活。如今，许多男人，也包括许多女人，都确信男人处于支配和统治地位，是领导者，是主宰者。这就是当今如此多人婚姻不幸福的原因。被人打压，很难不感到愤怒，不心生厌恶。伴侣之间的关系必须是平等的。只有在平等的关系中，他们才能找到解决问题的方法，他们才有可能在诸如是否要小孩等问题上达成一致。他们知道，是否生养孩子的决定事关他们对人类未来的责任。他们会在教育问题上达成一致。在问题出现时，他们也会积极解决，因为他们知道，婚姻不幸会对孩子不利，影响孩子的发展。

在当前文化中，人们并不具备良好的合作能力。我们的训练太强调个人的成功，强调我们从人生中索取而不考虑付出。婚姻要求夫妻双方亲密地共同生活。不难理解，如果他们不能合作，不能互相关心，后果势必非常严重。许多人都是第一次体验这种亲密关系，他们不习惯打听对方的兴趣和目标，也不喜欢询问对方的希望和理想。他们不知道如何面对与共同任务相关的问题。我们不必惊讶人们在婚恋问题上犯下那么多错误，但是我们必须审视这些事实，学会如何在未来避免这些错误。

不经过预先训练，我们无法面对成年生活中的危机，因为我们总是按照自己的生活方式做出回应。为婚姻做好准备也不是一朝一夕的事。通过儿童的行为特征、态度、思想，我们可以看出他们在适应成年生活方面所受的训练。他们处理爱情的方式，在五六岁时就已基本固定。

儿童很早就形成了自己对婚恋的看法。我们不应从成年人的角度臆断这与性有关。如果儿童觉得自己是整个社会生活中的一分子，他们就会在其中的某一方面做出自己的决定。婚恋是环境影响因素，影响着他们对未来的设想。他们必须在一定程度上理解婚恋问题，决定自己对这些问题采取的立场。如果儿童早早地显示出对异性的兴趣，为自己选择喜欢的伙伴，我们不应当把这解读为一种错误，认为它有害，也不应当把它理解为性早熟。同样，我们不应当嘲弄他们或拿这件事开玩笑。我们认为，这是为婚恋所做的准备。我们不应该打压，相反我们应该告诉他们，爱情是神圣的使命，他们应该为之做好充分的准备。只有这样，儿童心中才会植入理想，为日后迎接自己的另一半做好准备，视之为亲密的朋友和伴侣。我们观察到，儿童都全心全意地支持一夫一妻制。这一点很具启发性。这种想法是自发的，哪怕他们中的一些人的原生家庭并不和谐幸福。

我并不建议父母过早告诉孩子两性之间的生理关系，或在孩子不想知道的时候提及。我们可以看到，儿童看待婚姻问题的方式至关重要。如果教育不正确，他们会认为这些问题很危险，并视其为自己无法超越的困难。根据我的经验，过早（在4—6岁时）知道了成人关系的儿童或早熟的儿童，日后会惧怕爱情。身体吸引对他们来说是一种危险的想法。长大一些才听到这方面的信息，了解这是怎么回事，他们不会那么害怕：这种关系本无可指摘，长大一些，他们错误理解这种关系的概率更小。我们不应对儿童撒谎，也不要回避他们的问题，相反，理解他们的问题背后的内容才是帮助他们的关键。我们只需要告诉他们想要了解的内容，以他们能够理解为原则。过多地告诉他们不必要的信息害处极大。面对这个人生问题，与其他人生问题一样，我们最好把主动权交给儿童，让他们通过自己的努力，学习自己想要知道的内容。只要孩子信任父母，他们就不会受到伤害。他们会询问需要知道的事情。大家都认为，儿童道听途说会产生误导，但是，我从未见过一个原本健康的孩子遭受这样的伤害。他们怎么可能听到别人说什么都相信！对于听到的大部分内容，他们都有自己的判断。如果不能确定其真实性，他们自会请教父母，至少会问兄弟姊妹。我必须承认，孩子们在这类事情上比长辈要敏感机智多了。

成年人之间的身体吸引也在童年时就得到了培养。儿童对同情和吸引的模糊感觉和想法，异性在周围环境中带给他们的印象，都是身体吸引的起点。一个男孩会从母亲身上、从姐妹身上、从周围的女孩子身上获得这些印象。日后，外表可以吸引他的类型也会与早年环境中这些成员具有相似性。有时候，他们也会受到艺术创作的影响：每个人都被自己的理想中的美丽形象所吸引。因此，从这个意义上说，个体日后的选择并不自由，它也受制于过去所受的训练。寻找美好之物不是无目的的搜寻。我们的审美始终以健康和增进人类进步为基础。我们的功能，我们的能力都朝着这个方向建构，这一点是我们无法逃避的。我们知道，永恒之物是美丽的，对人类及其未来有益之物是美好的。我们希望儿童能够遵循这些象征方式成长。它们就是一直吸引着我们的美好之物。

男孩与母亲相处困难，或女孩与父亲相处不好（婚姻中的合作关系不稳固，这种情况就会发生），他们会寻找与父母截然不同的人为伴侣。比如，如果男孩的母亲喋喋不休，欺凌他，而他很软弱，害怕被控制，他就会被看上去很谦卑的女人吸引。他很容易犯错误，因为他总在寻找服从自己的伴侣。然而，不平等的婚姻根本不可能幸福。有时，为了证明自己的力量，他也会找强势的女人，这可能是因为他喜欢力量感，也可能是因为这更具有挑战性，可以证明自己的力量。如果与母亲存在巨大分歧，他可能无法为婚恋做好准备，甚至在身体上也无法感受到异性的吸引力。每个人的受阻程度各不相同。如果程度太深，他还会彻底排斥异性，成为同性恋。

父母婚姻和谐，孩子对婚恋的准备会更充分。孩子对婚姻的最初印象就来源于父母的生活。不必惊讶，来自破裂家庭和不幸家庭的孩子的人生更容易失败。父母自己都无法合作，怎么可能教会孩子合作呢？只要了解儿童是否接受过正确的家庭训练，看看他们对父母、兄弟姊妹的态度，我们就可以看出他们是否适应婚姻生活。他们的婚恋准备如何，是一个重要因素。然而，对于这一观点，我们必须慎之又慎，因为我们知道，决定一个人的并非环境，而是他对环境的看法。他的想法才是有用因素。也许，某位孩子的父母婚姻并不幸福，但他反而受到激励，想拥有圆满的婚姻生活。于是，他努力准备，迎接婚姻。因此，我们不应该因为一个人的原生家庭不幸福就下判决书，断定他的婚姻也必定不幸。

如果个体只关注自己的兴趣，他就无法为婚姻做好准备。

受到这种训练，他脑子里装的只会是自己的快乐。他只想自己过得轻松自在，并不会考虑如何让对方过得舒服，过得充实。这种做法不异于一场灾难。我把这样的人比喻为"从马屁股上套马轭"。这虽不是罪过，却是错误的方法。因此，在形成爱情态度的过程中，我们不应只贪图轻松，寻求可以回避责任的方式。存在犹豫和怀疑，爱情关系无法稳固。坚定不移才会全力合作。我们认为，真正为爱结合，真正的婚姻关系，都是坚定的，这个决定不会轻易改变。这一决定中也涵盖了生养、教育孩子，训练他们的合作能力，尽其所能把孩子培养为人类平等的一分子，让他们有能力肩负起自己的责任。良好的婚姻关系是哺育下一代的基础，这是我们在婚姻中始终要考虑的问题。婚姻是一种使命，有其自身的规则和规章，趋利避害有违我们生活在地球上的不变规则——合作。

在设置责任年限，或把婚姻当做试验的情况下，人们不可能全身心地为爱奉献。心里想着逃跑，这世上的男男女女怎可能尽全力完成这一使命！人生中任何一项艰巨而重大的任务，我们都不可能"一走了之"。我们会因此无法去爱，受到限制。那些善意好心之人，想为婚姻找到缓解剂，都动错了心思。他们提出的缓解方式会破坏和减少已婚夫妇的努力，使夫妻双方更易逃避，遗漏在这一使命中该做的事。我知道，我们的社会生活中存在许多困难。虽然人们很想解决婚恋问题，但这些干扰因素构成了阻碍，使许多人无法正确地解决这一问题。然而，我并不愿因此就牺牲爱情与婚姻，我更想克服社会生活中那些困难。我们知道，忠诚、真实、信任、无保留、不自私自利等特点，是情侣相处时必不可少的因素。可以想象，一个无视忠诚的人不可能对婚姻有充分的准备。如果双方都只想着维护自己的利益，哪怕是友谊关系也无法继续下去。这不是真正的友谊关系，因为就算在友谊关系中，我们也不可能无拘无束，合作精神仍会制约着我们。

现在，我要举一个例子，说明这种不符合婚姻要求或人类幸福的私人协定会对双方造成何种危害。

一对离过婚的男女再婚了。他们都是有教养的聪明人，希望这段婚姻能够更好。然而，他们并不知道自己上一段婚姻失败的原因，他们虽想要找到正确方式，却没有意识到自己缺乏社会兴趣。他们称自己是思想自由的人，希望婚姻关系称心如意，不会因对方感到无聊。因此，他们提议，夫妻双方享有完全的自由，想做什么就做什么。与此同时，他们要做到彼此信任，把发生的事坦诚告诉对方。在这一点上，丈夫似乎更勇敢。每次回家，他都有许多风流艳事讲给妻子听。妻子听得津津有味，也为丈夫的成功而骄傲。妻子也想像丈夫一样与人调情，找一个情人，但计划还没来得及实施，她就患上了广场恐怖症。因为这种病，她只能待在自己的房间里，不敢单独出门。只要迈出房门，她就感到害怕，不得不折回来。当然，广场恐怖症发作是为了保护她，让她无法执行自己所做的决定，可它的作用并不止于此。因为不能独自外出，丈夫不得不陪在她身边，丈夫的自由也被剥夺了。在这里，我们可以看到，婚姻内在的逻辑性如何攻破了他们的决定。丈夫与妻子都无法享受他们约定的自由，妻子患病不能单独外出，自由无从谈起，丈夫也不得不留下来陪她。如果想要恢复健康，妻子必须更好地认识婚姻。丈夫也一样，他也需要认识婚姻中的合作关系。

有些错误自婚姻伊始就存在了。那些在家中娇生惯养的儿童常常在婚后感觉受到了忽视。他们不懂得适应社会生活。娇生惯养的儿童通常在婚后霸道专横，而他的另一半则会觉得自己是受害者，处于樊笼之中，会进行反抗。如果两个娇生惯养的人成婚，情况就更有意思了。双方都只关心自己，希望被关注，都会对对方不满。接下来，他们会开始逃避。其中一方也许会与其他人调情，希望得到更多关注。有些人无法专一，必须同时爱上两个人，这是他们获得自由的方式。他们不断两头奔走，因为这样不必承担责任，也不必全心全意地付出。这是一种逃避，可最终带来的结果往往并不好。

还有一些人总在虚构爱情幻梦。罗曼蒂克，完美却不可企及。他们尽情沉浸在自己的想象中，却不能接近现实中的爱情伴侣。高度理想化的爱情没有实现的可能，因为没人可以达到这种要求。许多人，特别是女人，因为成长过程中的错误，讨厌并拒绝接受自己的性别角色。她们的性功能因此受阻。不经过治疗，生理上的作用根本无法发挥出来，也无法获得婚姻幸福。我把这称作"男性钦羡"，它源于我们的文化中的重男轻女现象。如果儿童怀疑自己的性别角色，他们也会产生不安全感。无论男孩还是女孩，只要认为男性角色处于支配地位，他们都会羡慕男性。男孩会怀疑自己是否有能力承担这个角色，也会极力强调男子气概的重要性，更会努力避免接受考验。不满自身性别角色的情况在我们的文化中非常常见。女性性冷淡，男性心因性阳痿，都是这一原因造成的。这些人会抗拒爱情和婚姻，不愿意履行自己的性别角色。只有真正地实现男女平等，这种情况才可以避免。按照这种想法，世界上有一半人有理由对自身角色不满，因此，实现婚姻幸福还有很长一段路要走。我们应该采取补救措施，让他们认识到男女平等。我们不能再让儿童对自己未来的角色认识不清了！

我认为，无婚前性行为是婚姻亲密忠诚的最大保障。我私底下发现，大多数男性其实并不喜欢自己的爱人在婚前有性行为。他们觉得这是水性杨花的表现，会因此感到震惊。此外，在我们的文化中，女孩发生婚前性行为后承受的压力更大。如果她们结婚并非源于勇气而是因为恐惧，婚姻不幸也是理所当然的事了。我们知道，合作离不开勇气。如果人们出于恐惧而选择对象，预示着他们不能真正地投入合作。有些人会选择酗酒者或社会地位和教育水平远低于自己的人为伴，也属于这种情况。他们惧怕爱情，恐惧婚姻，想让自己的伴侣仰视自己。

发展友谊是培养社会兴趣的方式之一。在真心的交往中，我们学会了用别人的眼睛去看，用别人的耳朵去听，用别人的心去感受。如果儿童遭受挫折，被监管和保护起来，孤立地长大，没有朋友和伙伴，他们自然无法与他人打成一片。在他们心中，自己就是世界上最重要的人，他们只想保障自身幸福。培养交友能力也是在为婚姻做准备。借助游戏培养合作能力大有裨益，遗憾的是，儿童在游戏中表现的竞争性太强，大家都渴望拔得头筹。营造一些两个孩子共同协作、一起研究、一起学习的情景会大有帮助。我以为，千万不要小瞧舞蹈的作用。舞蹈这种活动，需要两个人共同完成，所以我认为用舞蹈来训练孩子是很好的方式。当然，我这里所说的并不是我们现在跳的那些舞，那些舞更像是表演，谈不上共同任务。如果有那种孩子跳的简单舞蹈，对他们的成长与发展将大有裨益。

职业问题，同样，可以显示我们为婚姻所做的准备。现今，我们都是先立业后成家。夫妻一方（或双方）必须有工作，这是谋生和养家糊口的前提。因此，做好职业准备也是婚姻准备的一方面。

我们可以从个体接近异性的方式中看出每个人的勇敢程度和合作水平。每个个体采取的方式自成一派，他们求爱的特点、步调、性情都不尽相同，与他们的人生格调具有一致性。通过一个人在恋爱中的表现，我们可以看到他对人类未来的态度，他是否自信、具有合作精神还是只关心自己、有些怯场。他们是否常常拿这样的问题折磨自己："我要展现什么？人们如何看待我？"在追求异性时，有人缓慢而谨慎，也有人鲁莽而猛烈，但无论哪种情况，其恋爱气质都吻合他的目标和人生格调，是其表现形式。当然，我们不能完全依靠求婚方式来判断一个人是否适合结婚，毕竟这个目标是直接的，就在他面前。在其他事上，他也可能表现得优柔寡断。但无论如何，我们都可从中看出其人格特征。

依照人类文化，人们一般认为男人应该主动示爱，应该率先采取行动。因为这种文化需求，我们必须训练男孩的男性气质——主动、不犹豫、不逃避。要想他们接受训练，我们必须让他们认识到自己是社会生活的一分子，接受自己的优缺点。当然，女性也可以主动求爱，她们也会采取主动行为。但是，依据主流文化，人们觉得女性应该表现得含蓄一些。她们的求爱方式也会表现在她们身上、她们的穿着方式、她们看、听、说的方式中。我们可以说，男人的方式更简单直白，女人则要深沉难懂得多。

现在，我们可以做进一步阐述。夫妻之间要有性吸引，但是，这种欲望的发展必须符合为人类造福的路线。如果夫妻之间能做到彼此关怀，那么就不会出现性吸引减退的麻烦。性吸引消失只能说明他们对对方不再感兴趣，他们之间不再平等、友好，已无法再合作了。他们不再想让对方过得充实。有人认为，就算夫妻之间的性吸引消失，关心也可以持续下去。这种想法并不正确。人有时心口不一，但身体却不会说谎。性功能缺失，夫妻之间必定貌合神离。他们已不再对对方有兴趣。两人之中至少有一人已在逃避，不想再面对婚姻问题了。

　　人类的性冲动不同于其他生物，没有间歇期。这是人类幸福和延续得以保障的方式。人类通过这种方式不断繁殖，确保人类数量不会减少。对于其他生物来说，保障其生存另有其道，比如，雌性动物大量产卵，虽然会有丢失或损坏，无法孵化，但剩余数量仍然巨大，可以保障相当多幼仔存活下来。人类延续也靠生育，因此，我们发现，那些自发关注人类幸福的人更愿意生育孩子，而对人类幸福漠不关心之人，则不愿孕育后代。那些只愿索取不肯付出的人，不会喜欢孩子。他们只对自己感兴趣，觉得孩子是麻烦，让人操心，讨厌，亦会分散自己的注意力。因此，生养孩子是婚恋问题中的重要一环。幸福的婚姻是为人类培养下一代的关键。在思考婚姻问题时，我们应该始终考虑到这一点。

　　我们现在以一夫一妻制来解决婚恋问题。一旦进入婚姻关系，个体必须全心投入，关心对方，不可撼动这一关系的基础，寻求逃避。我们知道，关系破裂的可能性是存在的。我们无法避免婚姻关系破裂，这的确很不幸。但是，只要我们把婚姻和爱情当作必须面对的社会使命，必须去解决的问题，我们也许可以逃过一劫。婚姻失败，通常因为夫妻并未尽力：他们不愿经营自己的婚姻，只等着别人付出。以这种方式面对问题，他们当然会失败。把婚姻视作天堂或视作爱情的坟墓都是错误的。结婚是两人关系的开始，进入婚姻，他们才真正开始面临人生使命，才真正有机会为社会创造。在我们的文化中，把婚姻视为终点和最终目标的现象非常突出。比如，许多小说都结束于男女主人公喜结连理，但实际上，这只是他们共同生活的开始。人们总是认为，一旦结婚，所有问题都迎刃而解了，好像他们的使命就此终结。我们应该认识到，爱情本身并不能解决任何问题。每个人的爱情关系都不相同，但要真正解决婚姻问题，必须做到自食其力，彼此关心又懂得合作。

　　婚姻关系并不神秘。每个个体对待婚姻的态度是其人生格调的表现。全面了解这个人，我们就可以知道他对婚姻的态度。这与他的努力和目标一致。由此可见，那么多人想逃避这个问题并非没有原因。我可以确切地说，那些娇生惯养的儿童都抱着这种态度。在社会生活中，这类人非常危险。他们的人生格调和认知模式在四五岁时已然成形。他们总问："我能得到自己想要的一切吗？"如果不能，他们便觉得人生没有意义。"如果连我想要的东西都得不到，"他们想，"活着有什么意思呢？"他们很悲观，生出"死念"。他们把自己弄得疾病缠身，患上神经症，并从错误的人生格调中创造出一套人生哲学。这些想法虽是错误的，但他们却把它看得独一无二，无比重要：在他们心中，压抑自己的欲望和情感便是对自己发难。他们已经习惯了这种方式。小时候，他们过得很好，要什么有什么，他们之中甚至仍有人觉得只要哭闹下去，不断抗议，拒绝合作，自己的欲望就能得到满足。他们不关心他人的人生，眼中只有个人利益。于是，他们不愿奉献，总希望走捷径，想什么有什么。也正因为如此，他们把婚姻当做试验，希望得到回报。他们希望婚姻中有人做伴，视其为试行关系，一言不合便轻言离婚。结婚伊始，他们就要求自由，认为自己有权不忠。然而，如果真心爱对方，个体身上一定会表现出爱的特征：真实，友好，有责任感，忠诚，值得信赖。我认为，就这方面而论，无法正确处理婚恋关系的人是人生的失败者。

同样，夫妻应该关心孩子的幸福。如果婚姻观不同，夫妻在抚养孩子的问题上会出现大问题。父母争吵不休，不重视婚姻，认为婚姻中的问题无法解决，无益于培养孩子的社会性。

人们不适合生活在一起有原因可寻，在某些情况下，离婚的确是更好的选择。但是，谁有权决定呢？有些人明明就不知道何为正确方式，自己也不明白婚姻是一个使命，只知把注意力放在自己身上，我们怎么能放心将这种权利交给他们呢？"我能够从中得到什么"，是他们看待婚姻的一贯方式，离婚也概莫能外。显然，他们不是理想的决定人选。我们常常可以看到，有人离婚、再婚、再离、再结，不断重复着同样的错误。那么，谁能来做这个决定呢？我想，我们可以让心理专家来决定该不该离婚。当然，这并非易事。我不了解美国的情况，但在欧洲，心理专家在大多数情况下会把个人幸福放在首位。因此，遇到这样的问题，他们通常会建议个体找情人，认为这种方式也许可以解决问题。我肯定，他们早晚会认识到自己的错误，不再给出这样的建议。提这样的建议，只能说明他们没有学会用联系的观点看问题。事实上，解决这个问题的方式与人生的其他使命存在着关联性。所以，我希望能将这种关联性纳入考虑之中。

如果把婚姻当作个人问题的解决方法，人们也会犯下相似的错误。在这里，我同样不了解美国的情况，但在欧洲，我知道，如果一个男孩或一个女孩患上神经症，精神科医生常常建议他们找情人，发生性关系。对于成年人，他们也会提这样的建议。这实际上是把爱情和婚姻当作特效药，但事实上，这种处方有害无益。正确解决婚恋问题，是人格完善的表现。没有什么问题比婚姻问题更关乎人生幸福、人生的真实性和价值了。我们当然不能等闲视之，更不能把婚恋看作拯救犯罪、酗酒和治疗神经症的良药。神经症患者需要先接受治疗。再谈及婚恋问题。如果无法处理好婚恋问题就贸然走进婚姻殿堂，他定将陷入新的危险之中，遭遇更多不幸。婚姻，是一个崇高的理想。完成这一使命，需要我们付出艰辛的努力，发挥创造力。

同样，一些人结婚的目的并不单纯。有人因为经济因素，有人出于同情，也有人是为了找一个可供自己随时驱使的仆人。婚姻可开不起这样的玩笑！我甚至看到过想用结婚为自己添麻烦的情况。比如，一名年轻男子在学业中或事业上遇到困难，他觉得自己很失败，想为自己找一个借口，这时，他选择了结婚，把失败的责任都推卸给婚姻的牵绊。

我认为，我们应该重视婚姻问题，切忌轻视或贬低它。在我听到的所有婚姻问题中，处于劣势的几乎都是女性。毫无疑问，在我们的文化中，男性过得比较轻松。这是我们处理方式中的一个普遍错误。仅凭一己之力无法解决这种情况，特别是在婚姻中，个人反抗还会干扰社会关系，妨碍对方利益。只有认识并改变文化中的整体态度，这种情况才会改变。拉西教授是我的学生，她在实验中发现，42%的受访女孩都想成为男孩。这意味着许多女孩都对自己的性别不满。在近半数人灰心失望，不认同自己的性别角色，认为男性更自由的情况下，婚恋问题怎能得到解决？如果女性一直被看不起，认为自己只是男性的性对象，或者认为男人不必忠诚，花天酒地无可厚非，解决婚恋问题又从何谈起呢？

综上所述，我们可以得出一个简单而实用的结论。人类虽然没有实行一夫多妻制，但也没有严格地贯彻一夫一妻制。我们生活在这个星球之上，必须与他人平等共处，人有男女之分——这是我们受到的三种制约。因此，我们必须解决这三种制约带来的三类问题，这是环境造就的。认清这些事实，我们将会看到，一夫一妻制是正确处理婚恋问题的最有效保障。